（赤ちゃん主導の離乳）

BLWをはじめよう！

一般社団法人 日本BLW協会　著

原書房

はじめに

　長女が5か月の頃、子育て支援センターの離乳食教室に参加しました。あるお母さんが栄養士さんにこんな質問をされていました。「まわりの先輩ママたちから離乳食は大変よって言われるんです。やっぱり大変ですか？　乗り切るコツみたいなものはありますか？」と。

　栄養士さんはこのように答えました。「そう、大変ですよ。でも、離乳食の時期はいつか必ず終わります。だからこの1年だけ、1年だけを耐えましょう。そのうち楽になります。あっという間よ！」

　栄養士さんは、不安な気持ちのお母さんをはげましたかったのだと思います。でも——私は強い違和感をおぼえました。たしかに「大変」かもしれない。けれど、「あっという間」に過ぎるのであれば、「耐える」のではなく「楽しく」できないのか、と。最初から「耐える」ことを前提にはじめる離乳食なんて、なんだかつまらない。お母さんにとっても、赤ちゃんにとっても、全然ハッピーじゃない。そう私は思いました。

　私はふだん看護師として働いていますが、日本BLW協会の活動をするようになってから、若いお母さん方と知り合う機会がぐんと増えました。

　日本のお母さんは本当にまじめです。そして、とても立派です。

　はじめての育児で右も左もわからない状態で四苦八苦しているお母さん。上の子のめんどうを見ながら下の赤ちゃんの世話をするお母さん。朝から晩まで、いえ夜中まで、本当は長い一日がそれこそあっという間に過

ぎていく日々のなか、少しの休みもなく子どもを育てるのは本当に大変です。

　そんななか、多くのお母さんたちが苦労しているもののひとつが離乳食です。現代の日本で離乳食というと、ほとんどの方が10倍粥からはじめて、野菜や果物をすりつぶして、裏ごししたものをスプーンで赤ちゃんに与える方法を思い浮かべるのではないでしょうか。私自身も、長女に離乳食の時期が来たときに思い浮かべたのはその方法でした。というより、それ以外の方法があるなんて思いもしませんでした。そう、日本のほとんどのお母さんたちは、離乳食の方法に選択肢なんてないと思っているのです。

　では、現在の離乳食の進め方は、本当にお母さんや赤ちゃんに合っているのでしょうか。多くのお母さんたちが「離乳食作りが大変」「せっかく作ったのに赤ちゃんが食べてくれない」などの悩みを抱えています。そして、（くわしくは本文で書きますが）実は赤ちゃんにとっても従来の離乳食の進め方は「自分の意思が尊重されない、つらい時間」になっている可能性があります。

　これからはじまる人生のなかで、食事は生きることと切っても切れないものです。そんな食生活の土台となるべき離乳期が、親子にとって「大変」で「つらい」ものでしかないのだとしたら、それはとても悲しいことではないでしょうか。

　食事は栄養を体に取り込むだけのものではありません。味を楽しみ、食感をおもしろいと思い、家族やまわりの人たちとコミュニケーションをとりながら楽しい時間を過ごす──それらも食事の大切な役割です。本当にあたりまえのことですが、食事とはそうしたことも含めて食事なのだ、と

私たち全員が理解しています。けれど、こと赤ちゃんの離乳食の話になると、その大切な役割はなぜか忘れ去られてしまいがちです。BLW（赤ちゃん主導の離乳）はそんな「あたりまえ」のことを、私たちに思い出させてくれます。

　私がBLWを知ったとき、まだ日本でBLWに関する情報を得るのはとても困難でした。海外に住んでいる方（多くはお母さん）が書いているブログを読むか、イギリスでBLWを最初に提唱したジル・ラプレイさんの著書『Baby-Led Weaning』を取り寄せ、英語で読むしかありませんでした。それこそ手探りでBLWについて学びを深める日々が続きました。やがて、「この方法を日本のお母さんたちにもっと知ってもらいたい。それだけの価値はある方法だ」と強く思うようになりました。その想いが、一般社団法人日本BLW協会の設立につながりました。

　現在、日本BLW協会はお母さんたちに向けたBLWのセミナーや、子育てをする保護者や支援者向けの窒息セミナー等を行っています。同時に、そのお母さんや保護者の方を支援する立場の専門家向けにも、セミナーや情報提供をする活動を積極的にしています。これらの活動を通し、ひとりでも多くの方にBLWについて知ってもらい、安全に楽しく赤ちゃんとの食事の時間を過ごしてもらえることが、私たちの望みです。

　この本は、上記のジル・ラプレイさんに許可をいただき、彼女の著書『Baby-Led Weaning』──邦訳『「自分で食べる！」が食べる力を育てる──赤ちゃん主導の離乳（BLW）入門』は2019年11月に出版されました──をもとに日本の読者のために新たに構成したものです。時間があまりないお母さんたちが短時間でBLWのことがわかるように、そのエッ

センス部分をまとめました。文章をコンパクトにしたかわりに、もとの本にはなかった写真やイラスト、レシピ集を追加し、実際に日本でBLWを行っているお母さんたちからいただいた体験談も含めて作成した「お母さんたちのためのBLW入門」となっています。レシピ集部分については、BLWはイギリス発祥なので、本書では食材選びなども日本の文化に馴染むようにアレンジしたものを掲載しています。

　「BLWって最近よく耳にするけど、どんなものなの？」「一体どうやってはじめたらいいの？」など、疑問に思っているお母さんや、「BLWを実践してみたい！」というお母さんの手助けに本書がなれれば、こんなにうれしいことはありません。

　　　　　　　　　一般社団法人日本BLW協会　代表理事　尾形夏実

◎目次

はじめに

1
BLWって
どんなもの？

●BLW ってどんなもの？

BLWと聞いて、皆さんはどのようなものを想像するでしょうか。

「6か月から手づかみで固形食を与える方法」や「海外からやってきた新しい離乳食の方法」と答える方が多いかもしれません。しかしBLWは決して目新しいものでも、大それた斬新な方法でもありません。今まで自然にこの方法で離乳食を進めてきたお母さんも多くいるのではないでしょうか。

BLWはある種のメソッドのように捉えられがちですが、実は従うべき「進め方」もなければ「完了すべき段階」もありません。

赤ちゃんが家族と一緒に食卓を囲み、食べ物を探求し、楽しみながら食との良好な関係性を育んでゆく。家族はそれを見守り、赤ちゃんの意志を尊重する。ただそれだけなのです。

家族が食べている家庭料理が安全で、体に良い栄養のあるものであれば、だいたいの食材は6か月の赤ちゃんでも一緒に食べられるよう簡単に工夫することができます。

赤ちゃん用に時間をかけて離乳食やストックを作る必要もありませんし、その時間を赤ちゃんと触れ合う時間にあてることもできます。

BLWでもスープなど固形ではないものを提供することは、もちろんあります。その際はスプーンを使うこともあるでしょう。BLWには必ず固形食を与えなければならないというルールも、スプーンを使ってはいけないという規則もありません。

ただ、それをコントロールするのがお母さんではなく「赤ちゃん自身」

であるということが大切です。赤ちゃんの意思を尊重し、赤ちゃん主導で進めていく。それがBLWを行ううえで一番大切なことです。

　BLWは赤ちゃんに「見る」「触る」「噛む」「感じる」などの多くの経験をさせてあげることができ、なにより赤ちゃんが楽しむことができます。

　そしてあなたも赤ちゃんの食べる姿、食べ方の変化を見ることで、我が子の成長をしっかりと感じることができるでしょう。

　その経験は食事のみにとどまらず、その他の物事に関しても、赤ちゃん主導で進めていく事へ繋がっていくはずです。

●BLWとは？

　BLWはイギリスの助産師であり、保健師でもあるジル・ラプレイ（Gill Rapley）さんによって提唱されました。

　彼女は赤ちゃんが離乳食に離乳食をスプーンで与える方法と赤ちゃんが自分で手づかみ食べをする方法を比較研究し、2008年に「Baby-Led Weaning」[1] の初版を出版しました。この「Baby-Led Weaning」は現在までに20か国以上で翻訳され、世界中の多くのお母さん達が実践しています。

イギリスで始まり
書籍が20か国以上で翻訳。

Baby-Led Weaning（以下、BLWと省略）は、Babyは「赤ちゃん」、
Ledは「導く」「主導する」、Weaningは「離乳」と日本語に翻訳できます。

Baby　　　赤ちゃん
Led　　　導く・主導
Weaning　離乳
〜赤ちゃん主導の離乳〜

「赤ちゃん主導の離乳」と日本語では呼ばれています。

　この翻訳を見てわかるように、どこにも「手づかみ」や「固形食」といった言葉はありません。BLWはあくまで赤ちゃんが主導となって進めていく離乳の方法であって、手づかみや固形食にこだわる必要はないのです。

従来法とBLWの違いはなに?

手づかみかスプーンで与えるかではなく
赤ちゃんが主導となり、赤ちゃんの意思を尊重して食事を進めるか、
保護者が主導権を握り食事を進めるか。

? フォークに刺した食べ物を食べたがります。それでもBLWと言えますか?
もちろん!　赤ちゃんがそちらのほうが好きで、食べたいのなら、それを尊重してあげるのがBLWです。

●従来の離乳食とBLWの違いは？

では、従来の離乳食とBLWはどんなところに違いがあるのでしょうか。

従来法との大きな違い

	従来法	BLW
主導権	保護者が主導	赤ちゃんが主導
視線	保護者に向けられている	食べ物に向けられている
親の役割	離乳食の準備／ 食べさせる	食事の提供／ 食べる姿を見せる

1　誰が主導するか

まず、一番大きな違いは「誰が主導するか」という点です。

従来の離乳食ではお母さんが主導して食事を進めます。お母さんが離乳食を作り、それをお母さんがスプーンで赤ちゃんの口に運びます。

食べる量も、ペースも、食事を終えるタイミングも、すべてお母さんが決めます。

多くの赤ちゃんはこれから自分の口に入ってくる食べ物をじっくり見ることも、さわることもさせてもらえません。

それに対してBLWは赤ちゃんが主導して食事を進めます。

提供される食材はお母さんが選ぶことになりますが、それをどのように、どのくらい時間をかけて、どんなふうに食べるかはすべて赤ちゃんが決めます。食べる量を決めるのも、もちろん赤ちゃん自身です。

2　赤ちゃんの視線の違い

　赤ちゃんの視線にも違いがあります。

　従来の離乳食で食事をしている赤ちゃんの視線は、自分がこれから口に入れる食べものではなく、食事を口に運んでくれるお母さんに向けられていることが多いです。

　なぜでしょうか。

　従来の方法の場合、食事はお母さんがスプーンで赤ちゃんのお口に運んでくれるため、赤ちゃんは食べることに集中する必要がありません。言ってみれば食べ物が「自動的」に口元に運ばれてくるのですから、赤ちゃんの関心はそれを口に運んでくれるお母さんに向くのです。

　もしそのお母さんが離乳食を食べさせようと必死な顔をしていたら、赤ちゃんはどう感じるでしょうか。たぶん逃げだしたくなるはずです。

　それに対して、BLWの場合の赤ちゃんの視線は食材に向かいます。

　赤ちゃんは自分の目の前にあるものがどんな形なのか、色なのか、かたいのか、やわらかいのか……あらゆることを一生懸命調べようとするでしょう。そして、それを自分の口にうまく運ぼうとします。つまり、お母さんではなく、食べものに意識を集中させているのです。

　BLWを実践している赤ちゃんは、食事はスプーンで自動的に与えられるものではなく、自分で口に運ぶものだと認識しています。そのため関心

はお母さんではなく食材に向くのは自然なことなのです。

3　親の役割の違い

　親の役割にも違いがあります。

　従来の離乳食での親の役割は、離乳食を作り、それを赤ちゃんの口に運んであげることです。

　それに対してBLWでの親の役割は、赤ちゃんの離乳食を用意し、一緒に食べることです。自分も一緒に食べて、食べる姿を赤ちゃんにきちんと見せてあげることはとても大切です。

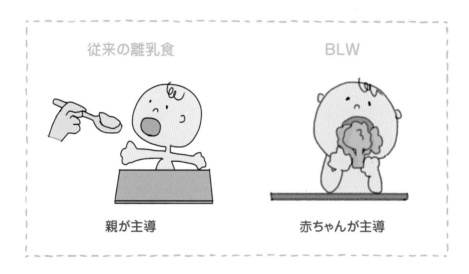

従来の離乳食　　　　　　　　　　BLW

親が主導　　　　　　　　　　赤ちゃんが主導

4　誰と食べるか

　従来の離乳食では、赤ちゃんは大抵午前10時や午後4時に離乳食を与えられます。

でもその時間は、普通は家族は食事をしないでしょう。つまり、赤ちゃんはひとりで食事をすることになります（もちろん食べさせてくれるお母さんはそばにいますが、一緒に食べるわけではありません）。

　BLWでは家族と一緒に食事をとります。家族がおいしそうに、楽しそうに食べている姿を見ながら自分も食事をすることは、赤ちゃんにとっても楽しいことです。

●BLWはどんなことをする？

1　家族で食卓を囲みましょう

　まずは家族の食事の場に赤ちゃんを参加させてあげましょう。赤ちゃんは食べなくてもかまいません。はじめは、ただそこにいるだけでよいのです。

　このときに大切なことがあります。それは「赤ちゃんが機嫌が悪くなるほど空腹でないこと」です。

　離乳食開始の最初の数週間は栄養をとることが目的ではありません。食材を見て、さわって、つまりは「食べる」という行為を学ぶことを目的としているからです。

　空腹の状態では、赤ちゃんは楽しみながら食べ物にふれることはむずか

しいもの。イライラしてしまうでしょう。

2　赤ちゃんが興味を示したら遊ばせてあげましょう

　赤ちゃんが食べ物に興味を示したら、「し
めた」とばかりに食べさせる必要はありませ
ん。むしろ積極的に食べ物で遊ばせましょう。

　このとき、「赤ちゃんは食べ物を口に運べ
るだろうか」「食べるだろうか」などと気に
する必要ありません。

　まずは赤ちゃんが、さわったり、握ったり
しながら、ぞんぶんに目の前の食べ物を調べ
る機会を与えてあげましょう。

3　食べ物を赤ちゃんが楽につかめる大きさと形にしてあげましょう

　BLWの初めの数か月は、赤ちゃんが安全
に、そして簡単につかめて口に持っていける
ような食べ物を用意してあげましょう。

　6か月の赤ちゃんは手のひら全体でものを
つかみます（指をまだうまく使えません）。
ですから、握ったときに手のひらからはみ出

すくらいの長細いスティック状のものがよいでしょう。

　5センチ〜 10センチの長さがあれば、その半分は食べる部分として、
そして残りの半分はそれを握る柄として使うことができます。

ただし、この長さにこだわる必要はありません。BLWを進めていくうちに、赤ちゃんがつかめそうな形、つかめそうなものがなにかはすぐにわかるようになるでしょう。

4　赤ちゃんが欲しがるあいだは授乳を続けましょう

　離乳食は決して「断乳」や「卒乳」を目的とするものではありません。そして、母乳やミルクほどの濃縮した栄養は離乳食から得ることはできません。赤ちゃんが欲しがるあいだは授乳を続けましょう。

　赤ちゃんを母乳・ミルク・混合のどの方法で育てているとしても、最初のうちは授乳と離乳食をまったく別のものとして考えるようにしたほうが賢明です。

　そしてそのうち赤ちゃんが授乳を必要としなくなれば、授乳の回数や量は自然と減っていきます。

5　食べる速さや量、ペースは赤ちゃんにまかせましょう

　離乳食を進めるときに、お母さん（保護者）はつい「このくらい食べてほしい」と希望を持ってしまいがちです。

　しかし、どのくらい食べるか、何を食べるか、どのくらいのペースで食べるかは、

すべて赤ちゃんに決めさせてあげましょう。そうすることで、赤ちゃんは自然に楽しみながら自分の食べる能力を発達させていくことができます。

●BLWのメリットとデメリット

メリット

1　赤ちゃんも家族も楽しい！

　あなたにとって食事はただ栄養をとるためだけのものですか？　そんなことはないですよね。ただ栄養をとるためだけが目的であれば、点滴やサプリや経管栄養（管を胃まで通して直接栄養となる液体を流し込む方法）でもよいのです。

　食べることには栄養をとる以外にたくさんの楽しみがあるはずです。「どんな料理だろう」と想像してワクワクしたり、味や香りを楽しんだり、一緒に食べる人たちとの会話を楽しんだり、食事を分けあったり、感想を共有したり………。

　赤ちゃんにとっても、それは同じです。

　ただ座って、何かわからないものを機械的に口に運ばれるのを受け入れて飲み込むだけ──そこに楽しさがあるでしょうか？

　自分で食べるものを見て、選んで、さわって、これはなんだろうと探求しながら食べる。そうすることで、赤ちゃんは食事に楽しさを見出すことができます。「食べる」ことに積極的になります。

　このことは、将来的に食事とポジティブな関係を築くことにつながるでしょう。

2　家族と一緒に食卓を囲める

　日本ではよく離乳食の時間を10時や16時などにするよう指導されます。しかしその時間では家族の食事の時間と合わず、赤ちゃんは必然的に孤食となります。家族が楽しそうにみんなで食事をしているとき、赤ちゃんはひとりぼっち。その輪から外されてしまうのです。

　赤ちゃんと家族の食事を別々にするのはお母さんにとっても大変です。赤ちゃん専用の離乳食を用意しなければなりません。

　赤ちゃんの食事が終わったと思ったらもうこんな時間！　急いで家族の食事の準備をしなきゃ……なんてこともしばしば。一日じゅう食事の準備をしている気がする——そんなふうに感じているお母さんも多いのではないでしょうか。

　BLWでは基本的に赤ちゃんも家族と一緒に食事をとります。

　同じ食卓を囲み、家族のコミュニケーションに参加できることは、赤ちゃんにとってはうれしいこと、楽しいことです。

　また赤ちゃんは、家族が食事をしている姿を見る経験を重ねることで、目の前の食事をどのように扱えばいいのか、食事を分けあう楽しさなどを自然と理解するようになります。そして少し先の話ですが、テーブルマナーについても受け入れやすくなるでしょう。

　赤ちゃんが食事をする姿を家族みんなが見ることも大きなメリットと言えます。家族で赤ちゃんの成長を毎日感じることができるのです。

3　本物の食べ物とはなにかを学べる

　市販されているベビーフードを食べてみたことはありますか？

食べてみたことがない方は、すりおろしてあるもの、ペースト状になっているものがお皿にのっていたり、スプーンにのっていたりする状態を想像してみてください。パッケージやラベルはどこか見えないところに隠されています。さあ、それが元々なんであったか当てることはできますか？

　これは意外とむずかしいのです。それが何種類も混ざったものであればさらに難易度は上がります。ペースト状になった食べ物は食感もすべて同じように感じられます。

　しかし、ペースト状になっていない食べ物を自分で食べることを許された赤ちゃんは、見た目、におい、味、食感をすべて感じることができます。

4　安全に食べることを学べる

　自分で食べることを許された赤ちゃんは、食べ物を口に入れる前にじっくりと見て、さわって、探求することができます。

　そうしてから、口に入れた食べ物をかんだり、口の中で移動させたりして、食べ物を口の中でどのように扱うかをまずは学びます。

　BLWで育った赤ちゃんが、従来の方法で育った赤ちゃんよりもある一定の月齢を迎えたときに窒息のリスクが低くなるというのも、この経験があるからと言えるでしょう。

5　より多くの食べ物と出会える

　あなたにとって離乳食の食材といわれて思い浮かぶものはなんでしょうか。ホウレンソウや白身のお魚、ニンジンなど、よく離乳食の本に載っているものではないでしょうか？

従来の方法では離乳食を進めるにあたりステップがあり、お魚もまずは白身魚からはじめて、その後赤身の魚などと教えられることが多いです。

　BLWでは赤ちゃんの食事に決まった順番はありません（もちろんハチミツや、よく火の通っていない魚、肉類など避けるべき食品はあります）。そのため離乳食開始初期から、多くの食材を体験することができます。

　この時期にさまざまな味を体験することは、味覚の発達につながります。

6　手と目の協調運動と指先の器用さを向上させる

　目で見たものをうまくつかみ、口に運ぶのは大人にとっては簡単なことです。しかし、赤ちゃんにとっては大変むずかしいことなのです。

　BLWでは、見て、さわって、口に運ぶ動きを繰り返し体験します。

　すべりやすいバナナをどうすればうまく口に運ぶことができるか、つぶれやすいお豆腐をどうすればつぶすことなく口まで持っていくことができるか。来る日も来る日もチャレンジします。

　この経験が、赤ちゃんの手と目の協調性と指先の器用さ（巧緻性<ruby>巧緻性<rt>こうちせい</rt></ruby>）をやしなっていきます。

7　自信がつき、自尊心が生まれる

　これはどんな味がするのだろうか？　どんな食感だろう？　赤ちゃんはそんな予測をしながら実際に口に入れ、その結果を得ます。

　この体験を繰り返すことで、赤ちゃんは自分の能力と判断に自信をつけていくことができます。結果的に、それは赤ちゃんの自尊心を育てることにつながります。

また、赤ちゃんがそのようにさまざまな経験をしながら成長していく姿を見たお母さんやお父さんも、赤ちゃんの能力を信じることができるようになっていくでしょう。

　わが子の能力に気が付き、信じてあげられるようになったお母さんやお父さんは、食事に限らず、遊びやそのほかの場面でも、赤ちゃんにたくさんの体験をさせてあげようとするでしょう。

8　離乳食を作る時間を短縮できる

　厚生労働省の離乳食に関するアンケート[2] でもっとも多かった回答が、「作るのが負担・大変」というものでした。

　普通の食事を毎日作ることに加え、離乳食作りまで……というのは本当に大変です。

　BLWでは赤ちゃんに特別な食事を用意する必要はありません。すりつぶしや裏ごしも必要ありません。

　家族が健康的な食事をとっていれば、それを取り分けることはむずかしいことではありません。

　同じ材料を使い、味付けをする前に取り出して（または薄味のものであれば、その料理自体を）赤ちゃんに提供すればよいのです。

　離乳食やそのストックを作る時間を、赤ちゃんと関わる時間にあてたり、自分の睡眠時間にあてたりするほうが、きっと赤ちゃんもあなたも幸せですよね。

9　赤ちゃんとの食事中の奮闘が減る

　時間をかけて一生懸命作った離乳食。もちろん赤ちゃんに食べてほしいですよね。

　そう思うあまり、「しっかり栄養をとらせないと」と怖い顔で赤ちゃんの口にスプーンを運んでいませんか？

　赤ちゃんがそれを拒絶してそっぽを向いたり、泣いたとしても、何とかして食べてもらおうと格闘していませんか？

　BLWでは、何を提供し、いつ食べさせるかは親が決めますが、それをどのくらい、どんなふうに食べるかは赤ちゃんが決めます。

　ですから赤ちゃんとの食事中の奮闘はほとんど起こりません。

　赤ちゃんをごまかしたり、気をそらしたりしながら食べさせるなんてことも必要ありません。

　赤ちゃんにプレッシャーを与えることがなければ、赤ちゃんはリラックスした状態で食事に向き合うことができます。

　これは食事に対してポジティブに向き合うことにつながり、これからの長い食生活に良い影響を与えることになるのです。

デメリット

1　散らかす

　これはBLWをするにあたり、多くのお母さんたちが直面する問題でしょう！

　まだ上手に食べ物を扱えない赤ちゃんが遊んだり、探求したりしながら食事を進めるのですから、散らかることは避けられません。

ただし、BLWを実践してきた多くのお母さんたちは、「最初は散らかるけれど、上手に食べられるようになるのも早かった」と言います。

　従来の方法でも、いずれ手づかみをする時期はやってきます。そしてそのときも、同じように散らかるのです。

　つまり、この「散らかる」というデメリットに関しては、「散らかる時期が前倒しになるだけ」とも言えるのです。

　散らかりに対しては工夫して備えることもできます。あとでくわしくお話をします。

2　食材がもったいないと感じることがある

　特に最初のうちは、赤ちゃんは食べ物を上手に扱えず落としてしまいます。口に入ったものも吐き出すことも多くあります。そのため、食べる量より破棄する量のほうが多い日もあることでしょう。

　食材がもったいないと感じる方もいるかと思います。しかし、これも食べ物と向き合うための練習の大切な過程なのです。

3　まわりの理解を得にくいことがある

　日本ではまだBLWを取り入れている方はとても少ないのが現状です。

　そのため、家族や知人、その他育児に携わる方々に「その方法で大丈夫なの？」と言われてしまうこともあるでしょう。

　これに関しては、赤ちゃんが実際に食べる姿を見せるのが一番です。

　百聞は一見に如かず。実際に赤ちゃんがうれしそうに食べている姿を見れば、まわりの人も納得してくれるはずです。

BLWをやってみた！

ゆいとくん

[男の子　撮影時月齢：6か月]

　BLWでの離乳食を選択したことで、食材をつかむにしても、前はグーだけだったのに、指を使って小さいものもつかめるようになったなーとか、目で見て確認しながら食べるようになったなーとか、日々いろいろな成長を見ることができました。BLWを選択してよかったと思います。

　ほかにも、子供が子供のペースでご飯を食べられて、自由にのびのびとご飯時間を送れることもとてもよかったと思ってます。私自身、従来の離乳食ではご飯について深く勉強をしなかったかもしれません。

　BLWを選択したことで、ご飯や窒息についてしっかり学べたと思います。これからも子供と一緒にご飯を楽しい時間にしていきたいです！

———あやかさん（ママ）

BLWをやってみた！

まきちゃん
［女の子　撮影時月齢：11か月］

　健康のため、口の機能の発達のため、本人の持っている生きる力をできる限り引き出してあげたくてBLWを実践しています。いろいろな形状、食感、色のものをあげてみて、最初はむせたりして上手に食べられなくても、どんどん適応していくようすが、わが子ながら感心します。日に日に食べる機能の発達を感じることができ、とても楽しいです。これからもどんどん実践していければと思っています。

——しゅうへいさん（パパ）

2
BLWの
開始時期は？

●一般的な離乳食の開始時期

　BLWに限らず、離乳食を開始する時期はいつ頃が良いのでしょうか？
日本と世界と両方見てみましょう。

　WHO（世界保健機関）は6か月から離乳食（WHOでは「補完食」と
表現されています）を始めることを推奨[3] しています。

　その理由として

・6か月からは母乳で育つ赤ちゃんが母乳のみからでは必要な栄養分を満
　たすことがむずかしくなってくること。

・赤ちゃんの身体の発達として、6か月頃には母乳以外のものを受け入れ
　る準備ができてくること。

が挙げられています。

一般的な離乳食の開始時期

WHO
6か月から

厚生労働省
生後5 ～ 6か月

日本では厚生労働省は、離乳食の開始を5〜6か月が適当と示しています。(4)

　ただし、子どもの発育および発達には個人差があるため月齢はあくまでも目安であるとも表記してあります。

●赤ちゃんの発達

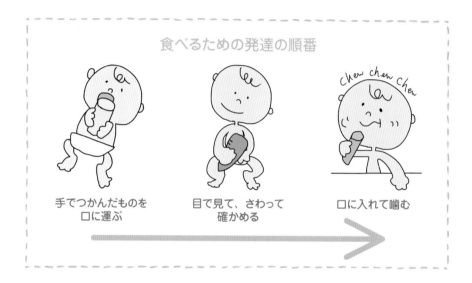

食べるための発達の順番

手でつかんだものを
口に運ぶ

目で見て、さわって
確かめる

口に入れて噛む

chew chew chew

　赤ちゃんはほぼ決まった順序で発達していきます。

　ごろんと横になるだけの状態から、首がすわり、寝返りをし、やがてお尻を上げられるようになります。

　数か月するとハイハイが始まり、お座りをして、つかまり立ちができるようになります。

ただ、赤ちゃんによって違うものがあります。それは「ペース」です。

　どのくらいでこれらの発達をとげていくか——これは個人差が大きいのです。

　そしてこれは、食べることのスキルでも同じです。

　まずはつかんだものを口に運ぶ姿が見られます。そしてそれを、よく見て、さわって確かめるようになり、最終的に口に入れて噛むようになります。

　これらのスキルを獲得するためには、そもそもそのような「機会」を与えられなければなりません。

　たいていの人が乗ることができる自転車も、まずは練習をする「機会」がなければ乗れるようにはなりませんよね。そう、食べることも同じなのです。

赤ちゃんの発達の順番

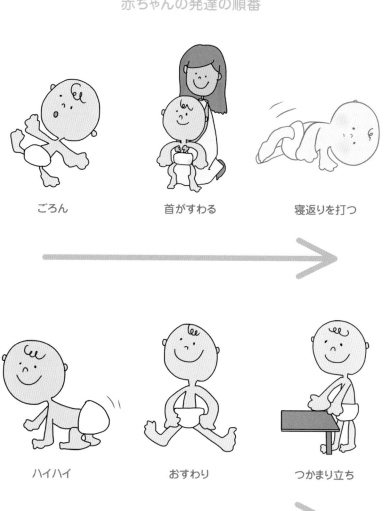

ごろん

首がすわる

寝返りを打つ

ハイハイ

おすわり

つかまり立ち

●BLWを開始する目安

　6か月頃の赤ちゃんは好奇心旺盛で、なんでもマネをしたい探求家です。

　家族の食卓に参加すると赤ちゃんはとてもうれしくなります。食べ物をつかむ準備がととのえば自分から手を伸ばしたりして、「食べたい」というサインを出します。

　体の発達からみたBLW開始時期の重要なポイントは、「まっすぐにすわれる」ことです。

　ここでいう「まっすぐすわれる」とは、ひとりでしっかりと座れる状態でなくてもかまいません。「脇の下あたりを支えてあげればグラグラしない」程度で大丈夫です。

　これらを目安として、食事の場に参加させてあげることからBLWはスタートします。

　しかしこれらはあくまで目安であり、これらが整ったから赤ちゃんがすぐに食べられるようになるわけではありません。

　そもそも赤ちゃんの発達は、少しずつ少しずつ進むものです。

　たとえば寝返りです。すでに子育てを経験した方はおわかりになると思いますが、赤ちゃんが寝返りを打とうとするしぐさが見え始めると、お母さんもお父さんも「がんばれー！」と応援するものです。しかし赤ちゃんがすぐ寝返りを打てるわけではありません。今にも寝返りを打つようなしぐさはするのですが、結局は打てなかったりします。そんな日々を繰り返して、ある日気が付いたらひっくり返っていた、というところではないでしょうか。

おしゃべりも、ハイハイも、歩き始めるのも、赤ちゃんに力ずくでやらせることなどできませんし、そんなことは誰でもわかっています。だからみんな赤ちゃんを温かく見守り、その日が来るのを待ちます。

　それなのに、なぜ食事だけは「5か月になった」「6か月になった」などと月齢だけを目安にして始めるのでしょうか？

　よく考えると、とても奇妙ですよね。

　月齢や体の発達を目安にすることはもちろんありますが、目の前の赤ちゃんの発達の具合をよく観察することが大切です。

　食事を始める環境を与えてあげるのは大人の役割ですが、いつ食事を始めるかを本当の意味で決めるのは親ではありません。赤ちゃんが決めるのです。

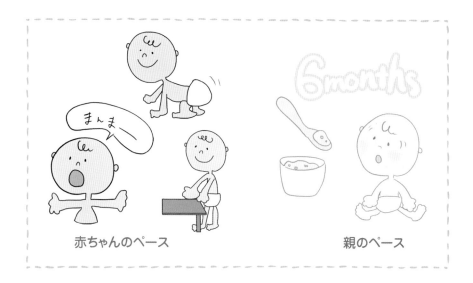

赤ちゃんのペース　　　　　　　親のペース

BLWをやってみた！

カイトくん
[男の子　撮影時月齢：7か月]

　スタートしたばかりの頃は食事を出しても見向きもしませんでした。だけど、大人が食べていると食べたそうに見つめていた息子。息子の食べる力を信じて食事を出し続けました。もちろん、私も夫も一緒に食べました。

　すると、開始4日後くらいに自ら食材を手にして口に運びました。はじめてその光景を見たとき、とても感動しました。「誰が教えたわけでもないのに口に運ぶことを知っているんだ！」と。

　そのとき以来、息子は食事の時間をとても楽しむようになりました。今ではどんな食材も夢中になって観察しながら食べています。だんだんと好き嫌いも出てきたようで、それも成長の表れなのだと私たちもうれしく思っています。「赤ちゃん主導の離乳」の意味を身をもって体験できました。

　どんなに散らかそうが、きら

いなものをポイっと投げようが、不思議と見ていてイラついたりしません。それが息子の成長だと親である私たちも理解できているからです。

　BLWに出会えて食事の時間が本当に楽しくなりました。これからの息子の成長が楽しみです。

――マリエさん（ママ）

ノアくん
［男の子　撮影時月齢：7か月］

　はじめは10倍がゆやニンジンなどの野菜のピューレを試していたのですが、まったく食べてくれませんでした。

　6か月早く生まれた子がいる友達に相談したところ、BLWを実践しているということを聞き、本を読んで実践することにしました。

　ノアが自分で食べものを見て、さわって、口に入れるときの反応が毎回とてもおもしろかったです。

――千穂さん（ママ）

BLWをやってみた！

ゆまちゃん
[女の子　撮影時月齢：7か月]

　ふたり目の娘の離乳食生活がもうすぐはじまってしまう……私はとても憂鬱な気持ちでした。ひとり目のとき、やる気に満ちあふれた私は、積極的に市の勉強会に参加し、本屋に行っては離乳食の本を買い、パクパクと食べてくれる息子の顔を想像していました。しかし現実は——目の前にドロドロの食事が出され、いきなりスプーンを口に運ばれ泣き続ける息子の姿。救いを求めるようにまた市の勉強会に参加して講習を受けるのですが、気持ちがさらに追い込まれていったのを覚えています。

　またあの時間だけは繰り返したくないと思っていたとき、ふと近くの病院で「ごはんクラス」と言う勉強会が行われていることを発見！　それがBLWを知るきっかけになり、良きアドバイザーとなる先生との出会いでした。

　そこでの話は今までの考え方を根本からひっくり返すような衝撃的な内容でした。ものは試しだ、よしやってみよう！とはじめたところ……娘は食事が大好きになりました。自分で目の前の食事に手を伸ばしパクパク。食材によって自分で食べ方を考え、量を多く入れすぎたときや咀嚼できない固さのときには、自分で舌を上手に使い、口から出すことができるよう

にもなりました。また、食材を手で握って確認してから口に入れることも
あり、のどに詰まらせたりすることもありません。

　BLWで食事を進めて、食べることが上手になったのはもちろんのこと、
手先や指先も器用になりました。「これが食べたい！」と言う気持ちが強
いからでしょう、意思表示も豊かです。食べることに苦手意識が強いお兄
ちゃんが、妹の食べているようすを見て、自分から手を伸ばして新しいも
のにチャレンジして食べることも増えました。

　親主体での「食事を頑張る」から、子どもが「食べることを楽しむ」に
なったことで、笑顔の食卓になりました。

―――有末さん（ママ）

BLWをやってみた！

はるくん

[男の子　撮影時月齢：7か月]

　息子は6か月になった日から従来型の補完食をはじめましたが、一般的なドロドロの食物を食べさせられることが好きではないようで、悩んでいました。助産師さんに相談したところ、わたしが差し出すスプーンをつかむのを見て、息子は食に対する意欲がちゃんとある！と言っていただきました。そしてBLWという考え方を聞き、とても共感したため、7か月前からスタート。

　基本のゆで野菜を見たわたしの母は食材の形や大きさを心配しましたが、息子の食への向き合いかたや親がきちんとリスク管理をしていることを説明し、わかってもらいました。夫も、息子が従来型の補完食を好きではないことに当初から悩んでいたため、赤ちゃんの積極性を尊重し、伸ばすBLWという方法があることを知ると気に入ってくれました。

　写真ははじめて納豆を食べたときのようすです。思い切り楽しんで食事ができるよう、新聞紙をしき、わたしの心に余裕がある日を選んで実施。見事に楽しみ、味わい、最後はお風呂に入りました。

　食材によってはやはり食後の入浴が必要な場合もありますが、実践3か月目に入り、また息子の食の上達とわたしのスキルアップの効果で、少し

ずつ散らかりが減ってきています。

　ビニールシートや新聞紙をトライしましたが、意外とバスタオルを下に敷くだけで応用できることに気づきました。食事にかかわらず、乳幼児との日々は危険と隣り合わせ。みんなに説明をして、子供が集中して食事できるようにテレビを消したり、親が手を極力出さないようにしながら、家族みんなで彼のファンタスティックな食事を楽しんでいます。

　　　　──さきさん（ママ）

BLWをやってみた！

ナノちゃん
［女の子　撮影時月齢：8か月］

　現在2歳半の娘と13か月の息子をアメリカで育てています。娘が生まれる前からBLWの離乳食をしようと決めていました。

　BLWにしてよかったことは、子供たちが赤ちゃんの頃から家族の輪に入れたことです。

　アメリカではパーティーやディナーを大勢でかこむ機会が多いです。みんなと食事をする楽しさを娘にも感じてほしいと思っていました。

今では、2歳半の娘はレストランでも料理が運ばれてくるまで、みんなとおしゃべりをしたり、塗り絵をしたりしておとなしく待つことができます。

――ミキさん（ママ）

3
さあ、BLWを
はじめよう

●BLWを始める前に考えること

さて、ここまで読んで「BLWをやってみたい！」と思ったみなさん！
実際に始める前に、いくつか考えてもらいたいことがあります。

・家族（あなた自身）の食と食生活について
・赤ちゃんの活動時間とあなたと家族の食事の時間
・赤ちゃんをどこに座らせるか
・散らかりにどう備えるか

この4つはとても大切な問題です。順番に説明します。

1　家族の食と食生活について

BLWの大きなテーマのひとつは「家族と同じものを取り分けて食べる」
ことです。

しかしこれは「大人の食べているものを何でもシェアする」ということ
ではありません。

あなたがもしジャンクフードを中心とした食生活を送っているのであれ
ば、BLWをはじめることを機に家族の食事も健康的なものにする必要が
あります。

「赤ちゃんには良いものを食べさせたい」と、寝る間を惜しんで健康的
で栄養バランスをしっかりと考えたすばらしい離乳食やストックを作って
いるのに、自分はインスタントラーメンや冷凍おにぎりを急いでかきこん

ですませるだけ——そんなお母さんは実はとても多いのです。

　育児は体力勝負です。赤ちゃんにしっかりと栄養をとらせてあげたいと思うように、自分自身にもしっかり栄養をつけてあげましょう。そうすることで、家族全体が健康的な食事をとることができます。

2　赤ちゃんの活動時間とあなたと家族の食事の時間

　核家族化が進んでいる日本、家族が一緒に食卓を囲むというのは現実にはかなりむずかしい……そう感じる方も多いのではないでしょうか。

　朝は親の出勤や子どもたちの登園・登校の準備であたふた、夜は夫の帰りが遅い——家族がバラバラに食事をしているという家庭も多いはずです。そんななかで、赤ちゃんの一日の活動のリズムやご機嫌を見ながら家族の食事の時間を設定する……というとなんだかハードルが一気に上がってしまう気がしますよね。

　でも、もちろん家族そろって食事ができればそれがベストではありますが、必ずしも全員がそろう必要はありません。

　お昼はお母さんと赤ちゃんのふたりだけということも多いでしょうし、平日の夕方なら兄弟姉妹はいてもお父さんはまだ帰ってきていないという可能性もあります。それで十分です。

　家族の生活リズムと赤ちゃんの生活リズムを照らし合わせ、無理のない範囲であなたの家庭のリズムに合った食事のスタイルを作っていきましょう。

3　赤ちゃんをどこに座らせるか

　赤ちゃんを食卓に迎え入れるにあたって、どこに座らせるかを考えておきましょう。

　座卓の家庭もあれば、テーブルを使用している家庭もあるでしょう。最初は家族の膝の上からスタートする可能性もありますが、しっかりと自分で座れるようになれば、赤ちゃん用の席が必要になってきます。

　テーブルで食事をする家庭であれば、ハイチェアを用意する必要があるでしょうし、座卓であればローチェアやそれに代わるものを準備する必要があります。

　BLWを始める前に一度、どこに赤ちゃんを座らせるか、必要なものはなにかを検討すると良いですね。

4　散らかりにどう備えるか

　BLWを行うときに避けて通れないのが「散らかり」です。

　特に最初の頃は、赤ちゃんは「食べる」というよりは「遊びながら学んでいる」時期なので、食べ物を落としてみたり、握りつぶしてみたりといろいろなことを試します。また、手を使って物を上手にあつかうことがまだむずかしいので、どうしても散らかってしまいます。

　まずはそのことを頭に入れ、「BLWは散らかるものだ」という心構えをしましょう。

　ではその散らかりにどう備えるか。どんな工夫ができるのか。

　こうしたことを前もって考えておくことはとても大切です。本書では52ページで改めて散らかりへの備えの工夫をお話しします。

●何を準備したらいい？

BLWをはじめるにあたって、「これを準備しないといけない」というものはありません。

はじめの頃は家族の膝の上にすわって食べてもよいのです。椅子を準備する必要もありませんし、カラフルな食器やカトラリー（スプーンやフォーク）を用意する必要もありません。

絶対に必要なものは特にありませんが、あると便利なものはあります。ここでは、あると便利なものや、それらを選ぶ際のポイントについてお話しします。

ハイチェア

テーブルで食事をする家庭ではハイチェアを用意するとよいでしょう。

足の裏がきちんと足置き板につき、腰も膝も90度に曲がる姿勢をとれるものを選びましょう。こうすることで赤ちゃんは食事に集中でき、しっかり噛むことにつながったりと、多くのメリットがあります。

ハイチェアを選ぶ際には以下の

ことに気を付けましょう。

・まっすぐな姿勢がとれる
・座面の高さが調節できる
・トレイが取り外せる
・掃除がしやすい
・足置き台がついている

エプロン

　エプロンは赤ちゃんの服が汚れてしまうのを防ぐことができます。

　BLWに関するSNSなどでも色々なエプロンが紹介されているのを目に
しますが、服が汚れてしまうことにみなさん敏感なようです。服の汚れで
ストレスを貯めてしまうのであれば、エプロンをつけるのもよいでしょう。

　ただし！　エプロンは赤ちゃんの体の動きを邪魔してしまうことも頭に
入れておきましょう。

　長そでのエプロンやスモックは手首近くまでカバーするので腕全体の動
きを制限してしまいます。

　また、シリコンビブはこぼれ落ちた食材を受け止めるのに役立ち、私も
愛用していましたが、この受け止める部分がやはり赤ちゃんの動きを制限
してしまいます。

　もちろん、決して使ってはいけないということではありません。そのと
きの保護者と赤ちゃんの状況に合わせて、適切に使用するようにしましょ
う。

食具

　BLWの初めの頃は、お皿やスプーン等は気にする必要はありません。清潔にしたテーブルの上にそのまま食材を並べるだけでよいのです。

　テーブルの上にそのまま？　お皿に載せないってこと？　そう思われる方もいると思います。はい、そうです。お皿に載せず、テーブルの上にドーンとそのまま並べます。

　それはちょっとひどいんじゃない？……と思われるでしょうが、理由があります。

　想像してみてください。いま目の前に食材が、かわいい柄がついた皿の上に載っています。親にとっては、どんなにきれいなお皿でも、それは「ただの皿」です。けれど赤ちゃんにとって「ただの皿」なんてものはありません。キャラクターや派手な柄のついた食具が目の前にあれば、赤ちゃんの興味は食材よりもそちらに向かいます。食材への集中力が妨げられてしまうのです。

　わが子のためにきれいな食器をそろえたくなる、赤ちゃんが好きそうなキャラクターが描かれた食器をつい買いたくなる——その気持ちはわかりますが、おすすめしていません。

　それでも、やっぱり直接テーブルに置くことに抵抗がある——そのときは、柄のない、なるべくシンプルな食器を選ぶようにしましょう。

●散らかりに備える

BLWをするうえで避けることができないのが「散らかり」です。

「BLWは散らかるもの」「子どもの成長のため」と頭ではわかっていても、やはり毎日・毎食のこととなると負担が大きい、と思われる方が多いのも当然です。

では、すでにBLWを実践している保護者の方々はどのような工夫をしているのでしょうか。

新聞紙やレジャーシートを敷く

赤ちゃんは食材を床に落としたり、投げつけたりすることがよくあります。

その際に役に立つのが新聞紙やレジャーシートです。

新聞紙や広告のチラシであれば、そのまま捨てることができるので床を拭く手間が省けます。

レジャーシートやフロアシートを敷いておくのも良い方法です。食後に簡単に拭き取りができます。

エプロンをつける

　50ページでお話しした通り、エプロンは赤ちゃんの動作を邪魔してしまいます。

　しかし、やはり服を汚すことに備えるのであればエプロンを使用することも選択肢のひとつです。

　毎回つけるのではなく、そのときの状況に合わせて使用するのもよいでしょう。

　エプロンを使用することのメリット・デメリットを頭に入れたうえで使用するようにしましょう。

おむつだけにしてしまう

　夏場や室温を暖かく保てている状態であれば、裸で食事をさせるのは、じつはおすすめです。

　食事が終わったらそのままお風呂場に連れていき、汚れをシャワーで洗い流しましょう。夏場は汗もかきやすいので、汚れも汗も流せて一石二鳥です。

　BLWを行う際にはどうしても散らかってしまいます。

　しかしBLWを実践するお母さんたちからよく聞くのは、「確かに最初は汚れるけれど、従来法で手づかみ食べをする頃には、上手に食べることができるようになりました！」という言葉です。

自分でいろいろな食材をさわり、食べ方を学ぶことができた赤ちゃんは、食材の扱い方が上達するのも早い傾向があります。

　従来法で手づかみ食べをする場合も、最初はもちろん汚れます。「BLWは汚れる」のではなく、「BLWは汚れる時期が前倒しになるだけ」と考えてみてはいかがでしょうか。

●BLWと栄養のおはなし

筋肉や神経、脳を動かす
エネルギー源になります。

体の働きをたすけて、
調子をととのえてくれます。

この3つの栄養源から
バランスよく食材を
選びましょう!

体をつくる材料になるたんぱく質は
日々成長する赤ちゃんに
欠かせない栄養素です。

BLWは家族の食事を赤ちゃんとシェアするということ。ということは、家族の食事も健康的である必要があります。

　あなたがジャンクフードが大好きだったとしても、赤ちゃんにそれを取り分けて提供することは避けましょう。

　家族が健康的な食事をしていれば、取り分けはそんなにむずかしいことではありません。

離乳食が始まったら母乳やミルクは減らすべき？

　「離乳食」という名前から、多くのお母さんが離乳食の目的を「乳離れするためのもの」ととらえがちです。

　しかし、赤ちゃんにとって母乳やミルクほどカロリーが高くて栄養豊富なものはありません。

　母乳で育てている場合、離乳食をあげはじめても赤ちゃんが欲しがるのであれば、欲しがるだけあげましょう。

離乳の目的は、新しい味や食感を発見したり、食べ物を体が少しずつ消化できるように調整したりすることです。

　離乳が進んでくると、赤ちゃんはそのうち母乳やミルクの量を自分で減らしていきます。そのペースも赤ちゃんによって違うのだということを頭に置いておきましょう。

積極的にとりたい栄養

　母乳ほど栄養豊富なものはないと述べましたが、6か月頃になると母乳では不足してくる栄養も出てくるため、それを補ってあげる必要があります。

　気を付けたいのが「鉄」「亜鉛」「ビタミンD」です。特に鉄分については赤ちゃんの体の成長・心の成長に欠かせないため次の項目でくわしくお伝えします。

●BLWと鉄のおはなし

　赤ちゃんは生まれてくるときに、お母さんから鉄の貯金をもらって生まれてきます。そのため数か月はその貯金を使いながら成長することができます。

　しかし、当たり前のことですが貯金は使えば減ってしまいます。生後6か月で、お母さんからもらった鉄の貯金をほぼ使い果たしてしまいます。

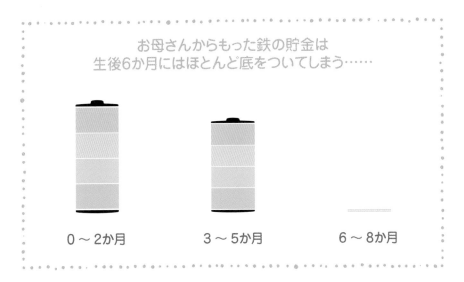

お母さんからもった鉄の貯金は
生後6か月にはほとんど底をついてしまう……

0〜2か月   3〜5か月   6〜8か月

鉄の役割

赤ちゃんにとって鉄は大きく分けて以下のような役割があります。

身体中に
酸素を運ぶ

筋肉を作る
原料になる

脳や神経の
発達に関わる

鉄欠乏性貧血のおはなし

鉄はヘモグロビンとフェリチンというふたつに分けられます。たとえる

ならば、ヘモグロビンはお財布に入っているお金で、フェリチンは銀行に預けているお金のようなものです。

ヘモグロビン　　　　　　　　フェリチン

　このヘモグロビンとフェリチンが両方とも極端に減ってしまう状態（お財布も銀行の預金も空っぽの状態）を「鉄欠乏性貧血」と言います。

　また最近では、お財布にお金は入っているけれど、銀行の預金がなくなってしまう鉄欠乏性貧血の前段階の「鉄欠乏状態」でも赤ちゃんの神経発達に影響を与えると言われているので注意が必要です。

鉄が欠乏するとどうなる？

・痙攣を起しやすくなる

・ぐずりやすくなる

・学習機能の低下

・運動機能の低下

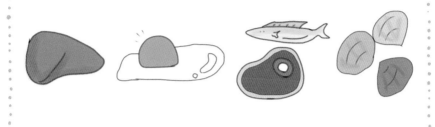

鉄分を多く含む食べ物

レバー　　　　卵黄　　　　赤身の肉魚　　　　貝類

ヘム鉄と非ヘム鉄について

　鉄には「ヘム鉄」と「非ヘム鉄」があります。

　非ヘム鉄はホウレンソウや卵などに含まれるもので、ヘム鉄は肉や魚などの動物性食品におもに含まれ、この「ヘム鉄」のほうが体に吸収されやすいという特徴があります。

　従来の離乳食では赤身のお肉を初期から与えることは少ないかと思いますが、BLWでは初期から赤身の魚やお肉も提供します。鉄分を積極的にとりたいときには、この「ヘム鉄」を意識するといいですね。

　なお、非ヘム鉄もビタミンCや動物性たんぱく質と一緒に摂取すると吸収率が上がります。

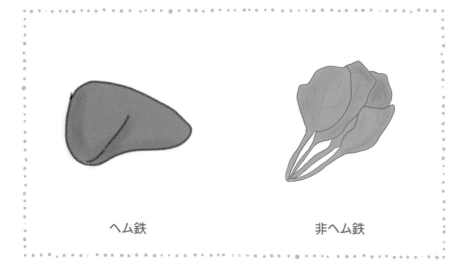

ヘム鉄　　　　　　　　　　非ヘム鉄

●なにを提供したらいいの？

「BLWを実際に始めてみよう」と思ったけれど、いざ始めようと思ったらなにをあげていいか、悩んでしまう。そんな保護者の方は多いのではないでしょうか。

　BLWは「家族の食卓に赤ちゃんを迎え入れる」というスタンスなので、家族が健康的な食事をとっていれば、赤ちゃんにもそのなかから取り分けをすればOKです。

　もちろん避けるべき食品や注意すべきもの（66ページ参照）はありますが、おおまかに言えば「ハチミツ」「小さくて丸いような窒息リスクの高いもの」「加熱の不十分な肉や魚」以外はなんでも提供できます。

Point

・ハチミツ
・小さくて丸いような窒息リスクの高いもの
・加熱の不十分な肉や魚
を避ければ普段の家族の食事から食べられるものを
取り分ければOK！

たとえば……
・アボカド
・ハンバーグ
・木綿豆腐
・おにぎり

どのくらいの量を提供したらいい？

　最初の頃は食べ物を探求したり、遊んだりすることが多いので、赤ちゃんはたくさんの量は食べません。準備した食材のうち、口に入る量もとても少ないでしょう。

　しかしこの段階ではメインの栄養は母乳やミルクからとっているため、離乳食を食べる量が少ないことを心配する必要はありません。

　提供する食品の数は3〜5品程度がよいでしょう。食べる量が少ないからといって1種類しか提供しないと、赤ちゃんにとっては選ぶ楽しみがあ

りません。また、1種類だけたくさんの量を提供すると赤ちゃんが困惑してしまう可能性があります。

・最初は落とすことも多いので少し多めに準備をしておきましょう。
・3〜5品を目安に提供しましょう。
・完食を求める必要はありません。

　BLWを始める最初の頃は、シンプルに食材を切って煮たり、蒸したりするだけ（果物など食材によってはそのまま）で提供しましょう。そうすることで、赤ちゃんはその食材本来の味を知ることができます。
　以下に大まかな月齢による目安と提供する食材の例をあげます。しかしこれはあくまで目安であり、実践する際には目の前の赤ちゃんをよく観察して、反応を見ながら進めていってください。

6〜8か月
赤ちゃんのようす
・食べ物に手を伸ばして、手のひら全体を使って握力で食べ物をつかみはじめる。
・握った手を開いて食べることはできないので、手の先からはみ出た部分だけを歯ぐきで噛んだり、しゃぶったりする。
・少しずつ食べ物を口に正確に運べるようになる。

どんな食べ物を提供するか

フォークは大人の人さし指1本くらいの太さ

　大きめのフィンガーフード（縦5センチ程度、横1～2センチ程度）。たとえば、

・細長く切って煮たり蒸したりしたニンジン

・じゃがいも

・スティック状にしたおにぎり

・ハンバーグやお肉

・ブロッコリー

・果物

・卵焼きほか

9 〜 10か月

赤ちゃんのようす

・手のひらを開いたり閉じたり、つるつるした食べ物を噛んだりつかんだ
　りするのが上手になってくる。

・食べ物を噛みとったり、噛み続けることが以前よりも上手になってくる。

・指を使って食べ物をつかみはじめる。

・片方の手で持っていたものを、反対の手に持ち替えることができるよう
　になってくる。

どんな食べ物を提供するか

　　フィンガーフード、つるつるした食品等。たとえば、

・アボカド

・バナナ

・手羽元や角煮のような、やわらかく調理した肉

・鮭などのムニエル

・果物

・お焼きなど

9～12か月

赤ちゃんのようす

・ごく小さな食べ物（米つぶなど）を上手に親指と人差し指でつかみはじ
　める。

・この月齢あたりになると、意図的に食べ物を食べるようになってくる。

どんな食べ物を提供するか

　　いろいろな形と舌ざわりを持つ、健康的な食べ物。前歯でかじり取るこ
とで一口量を学ぶ時期でもあるため、あえて大きめにカットするとよい。
たとえば、

・トマト（プチトマトは半分に切るなど手を加える）

・おにぎり

・トースト（パン）

・冷ややっこ

・お味噌汁などのスープ類

・もずくなど

12か月以降

赤ちゃんのようす

・赤ちゃんによってはスプーンやフォークを使いたがるが、まだ上手には
　使えず、手づかみがメイン。

・意思がはっきりしはじめ、食べたくないものは落としたり、親がすすめ
　ても「いらない」という意思表示をする。

どんな食べ物を提供するか

　塩分、糖分に気を付け、窒息リスクの高いものを避ければ基本的にどの
ような食べ物も提供してよい。一般的な幼児食を参考にする。

●避けるべき食べ物は？

　家族の食事から取り分けるといっても、やはり避けるべき食品はありま
す。それは窒息のリスクが高かったり、不健康なものだったりと、理由は
さまざまです。避けるべき食品は従来法でもBLWでも大きな違いはあり
ません。

避けるべき食品

| 塩分を多く含むもの | 砂糖を多く含むもの | 食品添加物を含むもの |
| よく火を通していない肉魚 | 繊維の多いもの | ハチミツ |

塩分を多く含むもの

　塩分のとりすぎは大人にとってもよくありませんが、腎臓の機能が成熟していない赤ちゃんにはより注意が必要です。

　また、赤ちゃんの頃から塩分を控えた食事をしていれば、大人になってからも塩分過多になりにくくなります。

砂糖を多く含むもの

　砂糖は多くの食べ物に含まれますが、重要な栄養素は実はとくには含ま

れていません。言ってみれば「ただカロリーが高いだけ」です。さらに、砂糖は虫歯の原因にもなります。ジュースなどにも多くの砂糖が含まれていることを忘れずに。

食品添加物を含むもの

　食品添加物とは食品を製造・加工する際に使用される「調味料」「保存料」「着色料」などを指します。

　製造する側にとっては必要なものですが、食品添加物による健康被害も危惧されています。すべての食品添加物が悪いわけではありませんが、赤ちゃんに提供する食材を選ぶ際には「食品表示」を確認して選ぶようにしましょう。

　また、ジャンクフードには多くの食品添加物が含まれていることが多いので、赤ちゃんとシェアすることは控えましょう。

よく火を通していない肉、魚

　赤ちゃんは病原菌に対する抵抗力が弱く食中毒にかかりやすいので、肉や魚を提供する際にはしっかりと加熱しましょう。

　生肉は腸管出血性大腸菌（O157など）、サルモネラ、カンピロバクターなどが付着していることがあります。

　赤ちゃんはいったん食中毒になると症状も重篤化しやすい傾向にあります。注意しましょう。

繊維の多い物

　繊維の多い野菜などは赤ちゃんがお口のなかで扱いにくく、離乳期には
むずかしいと言われています。アスパラガスや長ネギなど繊維の多い食材
は調理を工夫するなどして提供するようにしましょう。

ハチミツ

　はちみつはボツリヌス菌を含んでいる可能性があり、ボツリヌス症とい
う重い感染症を発症する可能性があります。

　また、ボツリヌス菌は熱に強く、普通に加熱調理をしたくらいでは殺菌
できません。加熱した焼き菓子に含まれた形であっても、1歳未満の赤ち
ゃんには提供しないようにしましょう。

●BLWとうんちのおはなし

　今まで母乳やミルクしか飲んでいなかった赤ちゃんが離乳食を始める
と、うんちに変化が出てきます。

　BLWの場合、赤ちゃんが実際に食べていると最初に確信できるのは、
赤ちゃんのうんちに食べ物のかけらが混ざっているのを確認できたときで
しょう。

　うんちのなかに食べ物のかけらを確認しても、「消化できていないんだ
……」などと心配する必要はありません。特にトウモロコシなどの消化し
にくい食べ物は、大人でも同じようにうんちに出てくることがあります。
うんちのなかにかけらがあっても栄養はきちんと吸収されています。

うんちのなかのかけらは、赤ちゃんが飲み込む前に、しっかりと噛むことを学んでいくにつれて減っていきます。

うんちにかたまりが出てきやすい食材

ニンジン　　　　とうもろこし　　　ホウレンソウ

　また、においや固さにも変化が見られます。やわらかくドロッとした感じのうんちから、かたまりのうんちに変わってきて、においもすこしきつくなります。

こんなときはかかりつけの小児科を受診しましょう
　下痢が続き、水分を受け付けない、便秘でお腹がパンパンにはっているといった症状がある場合には、かかりつけの小児科を受診しましょう。

●食器・食具について

テーブルの上に直接食べ物を置き、手づかみで始めるBLW。

食器や食具は最初は基本的には使わないのですが、もちろんいつまでも使わないわけではありません。

では、どのタイミングで食器や食具（フォークやスプーン、箸など）を使わせたらよいのでしょうか。

お皿

お皿は、最初の頃でも汁物やヨーグルトなどを提供する際などには使用することもあるでしょう。

また、汁物以外でもお皿にのせて提供する家庭もあるでしょう。その際はキャラクターなどのついていないシンプルな物を選ぶようにしましょう。

テーブルにそのまま
または
シンプルなお皿

キャラクター等の
ついたお皿

スプーン・フォーク

月齢が上がってくると、赤ちゃんは家族が使っているスプーンやフォークに興味を示しはじめるでしょう。

そのときにはスプーン、フォークを準備してあげましょう。ただし、ただ置いておくだけで十分です。実際に使うように赤ちゃんをうながす必要はありません。

1歳になる頃には多くの赤ちゃんがスプーンやフォークを使おうとします。

　スプーン、フォークを用意する際には赤ちゃんに合った小さいサイズを用意しましょう。

おはし

　スプーンやフォークと同じように、赤ちゃんはそのうちおはしにも興味を持ち始めます。

　スプーン、フォークと同様に赤ちゃんサイズのおはしを用意し、ただ置いておいてあげましょう。

コップ

　食事中の水分は、赤ちゃんが欲しいときに飲めるように用意しておきましょう。

　ストローマグやスパウトマグはこぼれる可能性も少なくとても便利ですが、離乳期にこれらの便利グッズを使うことでお口の発達に良くない影

口のサイズに合っている　　大人用の大きいコップ

響を与えると言われています。外出時に使用するにはよいのですが、家庭では基本的にコップを使用することをおすすめします。

　コップを選ぶときは大きさに気をつけてください。赤ちゃんの口の幅に合ったサイズのものを準備しましょう。

たいていの大人用のコップは、赤ちゃんの口には大きすぎます。赤ちゃんにしてみればバケツで飲むようなもので、とても飲みにくいものです。

　ベビー用のカップも販売されていますが、わざわざそれを買わなくてもかまいません。おちょこやショットグラス、エスプレッソカップなどでも十分使えます。

BLWをやってみた！

美和ちゃん

［女の子　撮影時月齢：7か月］

　3人目の子にして初のBLW。上のふたりは従来の離乳食の進め方をキッチリ守り、正直とても苦労しました。今も悩みはあります。でもこのBLWを実践してみた3人目は食べることへの意欲がかなりあります。

　はじめはクシャクシャだし掃除は大変だけど、この子が食べる姿を見ていると本当に幸せな気持ちになります。真剣に食べ物と向き合う表情や、みんなと同じことが自分もできるよ！とでも言いたげな得意気な顔。楽しそうな笑顔。これが私がBLWを選択してよかったと思う一番の理由です。

　苦いもの、すっぱいもの、何でも、そして何度でも挑戦します。スッパイ！と食べ物をぶん投げたのに、すぐまた同じ食材に挑戦するんです。上のふたりのとき、そんなことをされると「嫌いみたい……どうせ食べてくれないだろう」と思って次からは与えませんでした。けれど、それは私の勝手な決めつけだったんだと気が付きました。きっとこの子は何でも食べる子になる、と確信しました。

　BLWをはじめた当初、「おえっ」「ゴホゴホ」となって心配することもたまにありましたが、2週間も経つとそういったことも少なくなり、1か月たった今ではほぼなくなりました。また、食べる量も確実に増えていま

す。いろいろなものを自分で食べる経験をしたからこそ、どんなふうに口にいれたら危険か、どうすればうまく飲みこめるか、などを学習しているんだと思います。

　まだまだ目は離せませんが、「この子の食べ方は信頼できる」と感じます。わたしも、どんな食べ物が安全か（危険か）、どんな固さ（やわらかさ）が今の子供には適切なのか、などを観察するうちにだんだん工夫できるようになってきました。

　従来の離乳食の進め方よりはるかに簡単で、わかりやすいですね。なにより作るのが楽。わたしの経験では、はじめのうちはとうもろこしやおにぎり、オレンジ、だし昆布やスルメなんかがオエッとなりにくく、安心な食材でした。日本BLW協会の一般向けのオンラインセミナーもわかりやすかったです。困ったら相談できるところがある、というのは安心します。

　　　　──さをりさん（ママ）

BLWをやってみた！

とうきくん

[男の子　撮影時月齢：11か月]

　末っ子のとうきが生後3か月のときにオーストラリアに移住。現地で見かけたBLWという方法が気になりオンライン講座を受け、6か月から実践しています。

　簡単な調理法でよく、家族のごはんを用意する過程で取り分けができるこちらの方法が、上にふたりの兄姉がいる今の生活にはピッタリ！

　はじめて1～2か月はあまり多く食べませんでしたが、今ではごはんが出てきたら拍手するんです。一生懸命に口へ運び、従来の方法より咀嚼力が付いている印象。家族一緒に食卓をかこみ、子供を見守りながらママもパパも温かい食事がとれるのがいいですね。気持ちもラクだし、うれしい毎日です。

　また、食事がゆっくりで進まない長女に以前はイライラしていたのですが、彼女がご

ちそうさまならそうなんだなと、おだやかにかまえられるようになってき
ました。

　とうきのために始めたBLWが思わぬボーナスをくれました。

———エリさん（ママ）

あつしくん
[男の子　撮影時月齢：8か月]

　子供が3人います。上のふたりは離乳食をほとんど食べてくれませんで
した。楽しくない、少し苦い思い出です。3人目のとき、BLWという方法
があることを知人から教えてもらいました。

　6か月目から手探りでBLWを開始。おすわりもまだ安定しなかったこと
もあり、あせらずはじめました。その子の気持ちを尊重し
て食事を進めていくBLWは、月
齢に応じた離乳食を進めるべき、
などと肩に力が入ったりすること
がありません。気持ちが楽でした。
上の子たちも、食べている姿を見
て笑顔。家族も笑顔。散らかった
らみんなで爆笑。自分が目指す育
児がこれで見えてきました。

———さきさん（ママ）

BLWをやってみた！

いろちゃん

［女の子　撮影時月齢：8か月月］

　BLWを始めて2か月半。やってみて思ったことは沢山あるけれど、ふたつお伝えします。

　ひとつ目は「食べる学習を目の当たりにする」です。話には聞いていましたが、赤ちゃんはおもしろいほどに食べ物を観察し、さわりながら考えるんですね。どのくらいの強さでにぎればいいか、食べる前に食材を手にしてギュッギュッとするんです。また、たくさん頑張ってもごっくんできる量を超すときちんと口からぺっと出すんです。自分のベストな量を判断しながら食べる姿を見たときは感動しました。

　ふたつ目は「親の食事が変わる」です。もともと私は濃い味が好きでした。タレやソースはたっぷり、煮物は砂糖や醤油をしっかり入れて甘辛く。BLWをやると決めてからも自分の味付けを変えるつもりはなく、娘のご飯は別に作る気でいました。でも離乳食のレシピを見たり、体にいいもの、悪いものを学ぶうちに、良いだしを使って調味料を少なくしたり、塩の代わりにハーブを使ったりと、いつのまにかそうしていました。自然にそうなったのだから、本当に不思議です。今では食材の素材を活かす料理が多くなり、結果、娘とシェアしながら健康的な食生活を送っています。

子育てはこれから長く続きます。離乳食はほんのわずかな期間でしかありません。でも将来、子育てで何が一番楽しかったかと振り返るとしたら、きっと私は「BLWだった」と言うような気がします。そう思うほど、今が楽しく充実しています。

———あやみさん（ママ）

BLWをやってみた！

えいたろうくん
［男の子　撮影時月齢：9か月］

　先輩ママたちが離乳食で苦戦している話は聞いていました。子供がいやがるから食事の時間が苦痛、なんて話も。

　わたしは離乳食をはじめる前にいろいろと調べてBLWにたどりつきました。はじめた当初は窒息がこわくて不安でしたが、楽しそうに食べるわが子を見ているとうれしくなりました。

　子供が食材をさわって、見て、口に入れて自分で研究しながら食べているのが目に見えてわかり、私自身も勉強になることが多いです。

　わたしたち夫婦の両親も手づかみで一生懸命食べる孫を見るのがうれしいみたいで、自然と笑顔になっています。BLWを実践したおかげで食事の時間が楽しい時間になりました。

　　　　　──ひろこさん（ママ）

4
BLWの不安に
こたえる

ここまでBLWの考え方、やり方について書いてきました。具体的な部分で従来の離乳法とは異なる部分があるため、いろいろな不安、心配もあるかと思います。

　「アレルギーにならないの？」

　「窒息したら大変じゃない」

　「そもそも消化できるの？」

　「いま従来の離乳法をやっていて、BLWに興味があるけど途中からやってもいいの？」

　「まわりの人からなにかうるさく言われそう」

　BLWに興味はあるけれど本当に大丈夫かな——そんな不安の代表的なものにおこたえします。

●BLWとアレルギーのおはなし

食物アレルギーってなに？

　食物アレルギーとは、口から入った食べ物を体が「これは体に入ってきてはいけないものだ！」と反応して追い出そうとする働きです。

　赤ちゃんは消化吸収機能や免疫機能がまだ未熟なため、食物アレルギーをおこしやすいと言われています。

　乳幼児のアレルギーの原因の3分の2（0歳児では9割以上）はこの3つです。

赤ちゃんにとっての3大アレルゲン

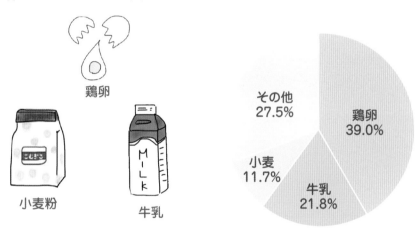

鶏卵

小麦粉

牛乳

その他
27.5%

鶏卵
39.0%

小麦
11.7%

牛乳
21.8%

参考資料：保育所におけるアレルギー対応
ガイドライン（2019年改訂版）
厚生労働省 2019（平成31）年4月

どんな症状が出る？

皮膚の湿疹・かゆみ・じんましんなどの皮膚症状
食物アレルギーでもっとも出やすい症状がじんましんです。顔や手などに赤いポツポツができたり、赤くなってかゆみをともなったりします。

腹痛・下痢・嘔吐などの消化器症状
消化器症状もアレルギー症状のひとつです。腹痛や吐き気があっても赤ちゃんは言葉で表現することができません。機嫌が悪くないか、どこかおかしいところはないか、ふだんからようすを見ておきましょう。

ぜんそくなどの呼吸器症状
食後にぜーぜー、ひゅーひゅーなどの呼吸困難の症状が現れる場合があります。

目やのどの腫れやかゆみ
食後に目やのどが赤くなったり、かゆみが出たりすることもあります。目を激しくこすったりするしぐさがあれば注意してください。

アレルギーを心配してアレルゲンとなるかもしれない食材をあげる時期を遅らせても、アレルギー発症の予防にはなりません。適切な時期に、少量から始めてみましょう。

BLWと従来法でアレルギーの発症率に違いはある？

では、BLWだとアレルギーが出やすいということはあるのでしょうか。

BLWを開始する最初のころ、赤ちゃんはまだ上手に食べ物を扱うことができません。また、歯も生えていない時期です。固形食を与えても実際にお口から入って胃までたどりつく量は少量です。

固形食であるからこそ、アレルゲンとなるものを一気に大量に摂取することにはつながりにくい、だからアレルギーを引き起こす可能性は少ない、と言えます。BLWだからアレルギーが出やすい、ということにはなりません。

もちろん、アレルギーを引き起こしやすそうな食材に対しては十分に配慮し、初めての食材を与えるときには少しずつはじめるなど、注意しながら進めることは大切です。

お口まわりや肌の保湿

アレルギーを
起こしやすい食材は
少量ずつから
スタートする

食材を試す
時期を遅らせても
意味はない

●のどに詰まらないの？

BLWを始めるのにまず心配になるのは「窒息しないのか？」というこ
とではないでしょうか。

従来法とBLWでの窒息のリスクの違いについては海外で研究されてお

り、その結果によると、「従来法でもBLWでも窒息のリスクは変わらない [5] 」「BLWだから窒息のリスクは従来法より高いとは言えない」、とされています。

　しかしこれは「BLWでも窒息しない」ということではありません。

　従来法であれ、BLWであれ、窒息のリスクはどちらもゼロではありません。基本的な安全対策はどちらの離乳法にしても必ず知っておかなくてはなりません。まずはこのことをしっかり頭に置いておきましょう。

　でも、そもそも窒息とはなんでしょうか？　なにが窒息で、なにが窒息ではないのでしょうか？

ごはん中に「おえっ！」となった……これって窒息？

　赤ちゃんが固形食を口にするという新しいチャレンジをしているなかで、「おえっ」と吐きそうになったり、せきこんだりすることがあります。

　これは窒息とは違い、のどに詰まらせることを防ぐための「反射」です。

　では、知っておくべきふたつの反射と窒息の違いを説明しましょう。

咽頭反射
<small>いんとうはんしゃ</small>

　咽頭反射とは、飲みこめないくらい大きな食べ物を前方に押し出して吐き出そうとする動きのことを言います。これは窒息ではなく反射であり、正常な反応です。

　大人の咽頭反射は舌の奥近くで起きますが、赤ちゃんの場合は大人にくらべて舌のかなり前の部分でこの反射が引き起こされます。そのため6～7か月の食事を始めたばかりの赤ちゃんには、この咽頭反射がよく見られます。

　咽頭反射を繰り返しながら、赤ちゃんはいろいろなことを学習します。

・しっかりと噛むこと

・詰め込みすぎないこと

・奥まで入れすぎないこと

　咽頭反射は赤ちゃんが安全に食べることを学ぶための、とても重要な反射です。月齢が進めば起こりにくくなっていきます。

咽頭反射は安全装置。不安に思う必要はありません。

せき反射

　食事をしていたらのどになにか入ってしまった、飲み物を急いで飲んだら変なところに入った……そんなとき、大人の私たちでもむせますよね。これが「せき反射」です。

　せき反射は、なにかのひょうしで食べ物などが気道(きどう)（肺に通じる空気の通り道のこと）に入ってきたり、詰まりそうになったりしたとき、気道の通りを守ろうとして起こる反射です。

　赤ちゃんがむせているとき、それがせき反射かどうかは、

・顔が赤くなっている
・ゲホゲホっと何かを吐き出そうとしている
・涙目になっている
　などで見分けます。

　せき反射は窒息を防ぐための自然な反射なので、心配をする必要はありません。

背筋がきちんと伸びていたり、前かがみになってせき反射が起こっているときは、赤ちゃんの口に指を入れて無理に取り出そうとしたりせずに見守ります。

窒息

　窒息とは、空気の通り道である気道が食べ物やその他の異物によってふさがれ、呼吸ができなくなることです。

　これは前に述べた咽頭反射やせき反射とは違い、緊急事態です。すぐに適切な処置を行う必要があります。

　窒息が起こっているとき、赤ちゃんはとても静かです。万が一窒息が起こったときにすぐに異変に気が付いてあげられるよう、食事中は必ずそばについているようにしましょう。

　窒息が起こったときの赤ちゃんのようすは

・みるみるうちに顔が青くなっていく

・とても静か

などの特徴があります。

　のどに何かが詰まって窒息が起こったときは、すぐに窒息の原因となっている異物を取り除く必要があります。背中を叩くなどの対処法をやって

も取り出せない場合は早めに救急車を
呼びましょう。

知っておきたい窒息対応

119番！

背部叩打法（はいぶこうだほう）
反応のある赤ちゃんに対する対応法

・赤ちゃんをうつぶせにして、その下側に腕を通す。

・指で赤ちゃんの下あごを支えて軽く突き出し、
　上半身がやや低くなるような姿勢にする。

・手の付け根で両側の肩甲骨のあいだを4～5回
　迅速に叩く。
　（かわいそうですが思い切って!）

1歳未満　　　1歳以上

胸部突き上げ法（きょうぶつきあげほう）
反応のある赤ちゃんに対する対応

・背中を叩いても除去できなければ、あおむけにし、
　胸骨圧迫の要領で、4～5回圧迫する。

・2本指を赤ちゃんの両ちくびを結ぶ線と胸骨（胸
　と胸の間にある固い骨）が交差する部分よりも
　少し足側に置く。

1歳未満　　　1歳以上

詰まったものが出てくるまで、これを繰り返します。

途中で赤ちゃんの意識がなくなった場合は心肺蘇生法に切り替えます。

赤ちゃんが窒息しやすい状況

椅子にもたれて座っている

気が散っている

のどに詰まらせやすい
食べ物を与えられる

吸って食べる

　赤ちゃんが食事をするときはこれらの状況を避け、食事に集中できる環境づくりをしてあげましょう。

窒息しやすい食べ物

小さくて固いもの

丸くて小さいもの

皮付きのもの

気道の中で圧縮されやすいもの

皮付きのもの

粘着性のあるもの

　これらの食品は避けるか、形状や調理法を工夫して、赤ちゃんの喉に詰まらないように注意しましょう。

窒息の基本的な安全策

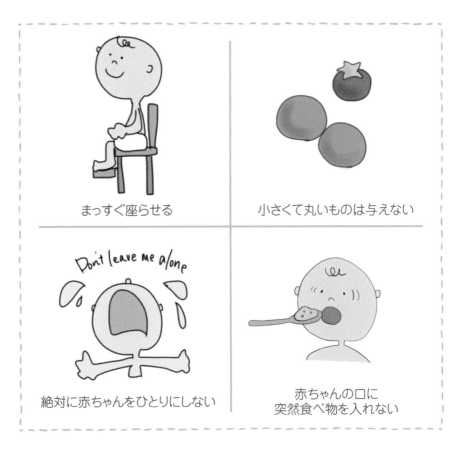

まっすぐ座らせる

小さくて丸いものは与えない

絶対に赤ちゃんをひとりにしない

赤ちゃんの口に
突然食べ物を入れない

　こうした基本的な安全策を守り、安全に楽しくBLWを進めていきましょう！

子どもの窒息予防法や具体的な対応について動画（「子どもの窒息対応」）にまとめにました。youtubeで見られます。
https://www.youtube.com/watch?v=PqIlGzdF4BY
QRコードからご覧下さい。

●いきなり固形で負担はかからない？

BLWでは、離乳食開始の段階から基本的には固形のものを与えます。では、赤ちゃんの胃や腸に負担はかからないのでしょうか？　そして、ちゃんと栄養は吸収されるのでしょうか。

生後5か月になる頃には、赤ちゃんの消化機能や腎臓の機能は食事を受け入れられるまでに成熟すると言われています。

BLWをはじめる時期は大体の赤ちゃんが6か月以降となるので、このときには食事を受け入れる機能は育っている[6] ということになります。

従来法の場合はここでペースト状のものを与え、BLWの場合は固形食を提供するのですが、消化器自体は成熟しているので、どちらの方法をとるにしても、胃や腸に負担はかかりません。

BLWでは、食べ物を自分の目でしっかり確認して探求できるため、唾液が出て消化するための準備をすることもできます。しっかりと噛むことで食べ物と消化液が混ざり合い、消化を助けます。

赤ちゃんのうんちに食べ物のかたまりが出てくることがあります（69ページ「BLWとうんちのおはなし」参照）。

消化しきれなかったかたまりが出てきているわけですが、すでに栄養分はきちんと吸収されています。心配する必要はありません。

●何回食から始める？

　従来法では１回食から始めるのがスタンダードです。

　BLWでは「家族の食卓に赤ちゃんを迎え入れる」ことが基本ですから、初めから１日３回になることもあるでしょう。

　忘れてはいけないのが、「食べるか食べないかは赤ちゃん自身が決める」ということです。

　３回食卓に参加させて食事を提供したとして、赤ちゃんは3回とも食べるかもしれませんし、１回しか食べないかもしれません。それで良いのです。

　１日何回食べるかは気にせず、まずは家族の食事の時間に参加させてあげるようにしましょう。

　また、赤ちゃんの胃の大きさは大人にくらべてとても小さいです。1回あたりに食べられる量も少ないのです。メインの食事とは別に間食（おやつ）の時間も必要となってくるでしょう（授乳量が減ってくると特にその必要性が大きくなります）。

　ただしここでいう間食とは、スナックなどの菓子類ではなく、食事と同じように栄養があり、健康的なものをさします。この間食を含めると、食事の回数は1日５～６回になるでしょう。

　繰り返しになりますが、ここで示した食事の回数はあくまでも「提供する回数」であり、それを口にするかどうか、食べるかどうかは赤ちゃんが決めます。

●途中からBLWに切り替えられる？

　この本を読まれている方のなかには、もう離乳食は開始しているけれど、途中からでもBLWに切り替えられるのかしら？という方もいるのではないでしょうか。

　BLWを提唱したジル・ラプレイさんは、自身の著者『Baby Led Weaning』（日本語翻訳版『「自分で食べる！」が食べる力を育てる——赤ちゃん主導の離乳（BLW）入門』）のなかで、従来法（スプーンで離乳食を与える方法）とBLWを並行して行うことはむずかしいと述べています。

　しかし2019年にラプレイ先生を日本に招いたときにお話をうかがったところ、スプーン食べがいけないのではなく、「そのスプーンを誰がコントロールするか」という問題のほうが大切なのだと話されていました。

　スプーン食べからいきなりすべてを固形食に変えるのではなく、手づかみできるものと、ペースト状のものをまずは両方用意して、スプーンや野菜のスティックに載せてあげる。それを赤ちゃんに提供して、赤ちゃん主導で進めるところから始めるという方法もあります。

　BLWの本質はすでに述べたように、「固形食を手づかみで食べること」ではなく「赤ちゃんの意思を尊重して、赤ちゃん主導で食べること」です。

　途中からBLWに切り替えるときも、考え方は同じです。大切なことは、赤ちゃんに「手づかみ食べをさせること」ではありません。まず「赤ちゃん主導で食事を進めること」に努力しましょう。そうすれば自然とBLWに切り替わっていきます。

●家族や保育園の理解を得るために

家族やまわりの人の理解してもらう

　BLWは日本ではまだあまり認知されていません。そのため、「BLWで離乳食を進めてみたい！」と思っても家族や周りのママ友などに理解してもらえない……という方もいると思います。

　また、保育園に預ける際に、保育園側にどう説明していいか分からず悩んでしまう保護者もいらっしゃいます。

BLWがどのようなものか、ていねいに説明する

　BLWは従来法とは大きく違う点が多く、従来法しか知らない方にとっては驚く部分も多いでしょう。

　しかし、メリット・デメリットを含め、BLWとはどのような離乳法なのか、なぜあなたはBLWを選んだのかなどをていねいに説明するところからはじめましょう。

まずはしっかりと説明する

赤ちゃんが実際に食べている動画を見せる

　「百聞は一見にしかず」という言葉があるように、実際に赤ちゃんが一

生懸命に食べている姿を見れば、まわりも納得し
てくれるでしょう。

　一緒に食事をしてもいいですし、動画を見せる
だけでも効果は大きいでしょう。

動画を見せる

保育園に入れるにあたって

　共働きの家庭が増えているなか、０歳や１歳で保育園に入る子はめずら
しくありません。そのときには、保育園側にBLWで離乳食を進めている
ことをはっきり伝えましょう。

　保育園の規模や方針によってどこまで理
解し、受け入れてもらえるかはさまざまで
しょうが、まずは、BLWという離乳法が
あること、あなたがBLWで育てているこ
とを知ってもらうことが大切です。

　日本BLW協会のホームページからは
BLWのリーフレットも無料でダウンロード
できます。このリーフレットを保育園に手渡
しながら伝えるのもひとつの方法です。

リーフレットを使って
説明する

　また、BLWをまったく知らない保育士さんの場合、言葉だけでは認識
の差が生まれてしまう可能性もあります。実際に、どのようなものを食べ
ているのかの写真を見せたり、食べている動画を見てもらうのもよいでし
ょう。

BLWをやってみた！

ていしくん

［男の子　撮影時月齢：10か月］

　従来法で離乳食を開始しました。けれど食事以外のときはなんでも口に入れるのに、食事となるとスプーンで口に入れられるのをいやがります。あるときBLWを知り、納得できる方法だと思ったので取り入れてみたところ、楽しく食事ができるようになりました。

　最初の頃、BLWについてわかりやすく夫に説明する余裕をなかなか持てず、結果として夫の理解を得ようとする機会はほとんどありませんでした。しかし食事の時間を積み重ね、またBLWについての日本語での情報も増えてくるなかで、だんだんわかってもらえるようになりました。

　先日、当時を振り返って夫婦で話をしていたら、「あのときはとうとう離乳食を作ることを放棄したのか？と思ってハラハラしちゃった」と言われました。やっぱり説明できていなかったか、という落胆もあり

ましたが、今ではわが家にBLWを取り入れることができてよかったと、夫婦ともども思っています。

　BLWを取り入れる際、周囲の理解を得るための説明にエネルギーを使いすぎないように、離乳食の選択肢のひとつとして誤解なく広まってくれることを期待しています。

——けいこさん（ママ）

きょうすけくん
［男の子　撮影時月齢：6か月］

　BLWをはじめた頃はさほど散らかすこともなかったのですが、成長とともに食べ物を落としたり、わざと飛ばしたりするようになりました。わが家では椅子の下に新聞紙をしいて食事をしました。食べ終えたら丸めて捨てるだけ。毎回床掃除をするという手間がありません。散らかしやすい食材のときは新聞紙の枚数を増やしたり、そうでないときは減らしたり。今では床にこぼすことも少なくなって新聞紙の出番は減りました。成長しているということなので、もちろんうれしいのですが、ちょっとさびしい気持ちもあります。散らかるのも楽しいものですよ。

——チエさん（ママ）

BLWをやってみた！

はなみちゃん

[女の子　撮影時月齢：6か月半]

　娘は生後6か月半です。娘が通っている保育園は離乳食・給食は園の手作りで、おやつは市販のものを食べます。BLWをはじめて1か月、ようやく食べる量が増えてきて、これからという時期での入園でした。

　できるだけ保育園にも理解をしてもらえるように、ふだんの食事のようすがわかる写真や動画を先生に見てもらい、BLWの理念や方法を説明しました。先生はBLWという言葉をはじめて耳にされたようです。最初から手づかみで固形食を与えていると話したときはとても驚かれていましたが、真剣に話を聞いてくれました。

　結局、他の子と違う離乳食を与える先生方の負担、昼食時に先生がどうやって安全を確保してくれるのか、ほかの園児の反応などを考えた結果、保育園での食事は基本的には従来の離乳食法で進めていくことになりましたが、娘に合わせた方法を一緒に考えてくださり、おたがいわからないことはすぐに電話で相談しましょうね！と言ってもらえました。それだけでも親としては本当に心強く、入園が楽しみになりました。

　実際に通うようになって、はじめは「手づかみ食べとスプーン食べを同時にやると娘が困惑するのでは？」と心配しましたが、「みんなと同じ食

卓を囲み、同じ食事をする」というのがそもそものBLWの考え方。娘が保育園のお友達と楽しくご飯を食べられるようになるのを応援することにしました。

———なおさん（ママ）

BLWをやってみた！

蔵之介くん

［男の子　撮影時月齢：8か月］

　最初はペーストやおかゆを食べさせていました。でも自分でやりたいというか、ご飯にさわりたい気持ちがすごく感じられたので、スプーンにつけてわたしたり、スティック状にした野菜につけてわたしたりしてました。

　最初は「食べられてる？」と疑う気持ちがありましたが、食べると言うよりも「食」を認識し、慣れる期間と（親が）考えるようになってからは気持ちも楽になり、ご飯もおつゆも素手でどうぞ、という感じでやるようになりました。

　同じ月齢のお母さんたちや自分の両親に食事のようすを動画で見せたら「ぎゃーーー！（悲鳴）」という反応でした。でも、まわりのそういう反応はあまり気にしませんでした。

　1歳をすぎて自分でできることがどんどん増えてきた今は、食事の準備からおかたづけまで楽しそうに自分でやりはじめたりもしています。離乳期からの食事を通して物事を自分で選択してトライすることにつながっているようです。

　　　　　　　　　　　　　　　　　　　　　　　———くらさん母（ママ）

カイトくん

[男の子　撮影時月齢：7か月]

　BLWをはじめて良かったと心から思っています。しかし（子供の）祖父母からしたら、食材の提供の仕方も食べさせ方もなじみのない方法だと思うので、最初は不信感でいっぱいだったと思います。

　わたしがまわりの家族に伝えたことはふたつ。

　まずひとつは、私たち夫婦はBLWについて理解したうえでこの方法を選び、食事の進め方や、最悪の事態に備えた対応法も含め、しっかり学んでいるということ。

　ふたつ目は、この子が一生懸命食事に向き合い、食事を楽しんでいる姿を、写真共有アプリでとにかく毎日見せたこと！　むずかしい言葉を並べて説明するより、この子のありのままの姿を見てもらったのです。この子自身の「食べる力」「食材へ向き合う姿」「考える力」「毎日成長していく姿」、そして、私たちがそばで必ず見守っている姿。なにより、「家族みんなで楽しんでいる姿」を！

　今では祖父母も一緒に食事をする機会もあり、同じテーブルで楽しく食事ができることを家族全員で楽しんでいます。

　　――ユイさん（ママ）

BLWをやってみた！

ひかちゃん

[女の子　撮影時月齢：8か月]

　BLWを選択したことで、食事の時間が「食べること」だけではなく、「楽しむこと、家族のだんらん」になっていると感じます。

　上に5歳の姉がいるので、下の子の食事にかかりっきりになることなく一緒に食卓をかこめるのはとても助かります。上の子は下の子の食べるようすを見て、「口がヨーグルトだらけ！」と笑ったり、「○○おいしいよ。食べてみて」と声をかけたり、興味深々。

　下の子はまだ話せませんが、しっかり家族の輪に入って食事をして、笑顔で食べています。

　食べる量は日によって違います。食べない日でも食事の時間を楽しんでいるようです。かたさや形などいろいろな食材にチャレンジして、毎回違う反応を見せてくれるのは作る側にとっても楽しいし、子供の好み、気持ちを知ることができるのは親のよろこびでもあります。

　また、食事をシェアすることで家族の食事が自然に薄味になったり、食

の安全性についても考えるようになったり、家族全体の健康面においても、とてもよかったなと感じています。　　　―――はなさん（ママ）

アンナちゃん［女の子
撮影時月齢：8か月］

　5か月の頃は従来法で離乳食を進めていましたが、かかりつけの小児科医でBLWをすすめられたので、6か月からBLWへ切り替えました。

　私がスプーンで離乳食をあげていた頃はロボットのように食べ物を見もせず口を開けていましたが、BLWに切り替えてからはちゃんと目の前の食べ物を入念にチェックして、手でさわったり、にぎりつぶしたり、じっくり観察してから口に入れるようになりました。

　食べたときのリアクションもおもしろい！　そのたびに感動します。今までと違い、自分の意思で決めるようになったのですから。

　「もういらない」のサインとして、食べ物を床に落としたり、スタイを自分ではずしたりと、自己主張をするようにもなりました。親としては大変ではありますが、こうしたことが娘の人生においての決断力に大きな影響を与えるのではないかとさえ思っています。

　　　―――ちえさん（ママ）

5
レシピ集

ここまでBLWの考え方や方法についてお話ししてきました。では実際にどのような食材を選び、どのように家族と取り分けをしていったらよいのでしょうか。ここからは実際にレシピをいくつか紹介します。

　赤ちゃんが食べ物に手を伸ばし始める最初の時期は、「大人用に作った食事から取り分ける」というよりは、「まずは同じ食材を使うところから始める」というイメージのほうがうまくいくでしょう。具材は大人の食べるものよりも少し大きめになるでしょうし、味付けも最初のうちは基本的に必要ありません。食材の本来の味を経験させてあげましょう。

　少しずつ食べることに慣れてきたら、家族の料理から取り分けることを始めましょう。このとき、大人用の料理の味付けが濃いと赤ちゃんには取り分けしづらくなります。これを機会に、大人の料理自体を薄味にすると取り分けが簡単になり、家族もより健康的な食生活を送ることができます。

　汁物を提供する際は、スプーンを使用するか、野菜スティックやトーストなどを一緒に提供することをおすすめします。このときも、スプーンや野菜スティックをコントロールするのは赤ちゃん自身です。大人はそれを見守るか、必要であれば手を添えるなどのサポートをするにとどめてください。

　1歳を過ぎる頃になるとスプーンなどの食具を併用する赤ちゃんが増えてきます。この頃になれば、基本的に一般的な離乳食と同じような幼児食をイメージしてもらえれば問題ありません。

　BLWの基本的な考え方は「家族と一緒に食事をシェアする」ことです。このため、糖分や塩分、食品添加物などに注意することは必要ですが、基本的には普段の食事をベースに献立を考えればよいでしょう。食事のバラ

ンスをまったく考えなくてよいわけではありませんが、特に最初の数か月
は、口まで運べる量も、実際に食べる量もその時々で違います。栄養の大
半は母乳（またはミルク）からとっているため、まずは「遊びながら食べ
る練習をしている時期なのだ」と考え、あまり献立にとらわれすぎないよ
うにしましょう。もちろん、「料理が好き！」とか「献立を考えるのが好き！」
という方はぜひ楽しく赤ちゃんとシェアする料理を作ってください。それ
らのレシピや写真をSNSなどで共有すると、他の悩めるお母さんの手助
けになるかもしれません。

　以下のレシピ集は、実際に自分のお子さんをBLWで育てた管理栄養士
さんが考案したものです。赤ちゃんにちょうどよいソフトせんべいや取り
分けしやすいシチューなど、実践者ならではのアイデアに満ちています。
ぜひおためしください。

●つみきパン

　形がつみきに似ているので「つみきパン」。子どもが手で持って食べやすく、よくかみかみできるかたさです。

　アップルソースの代わりにヨーグルトや、フルーツピューレやトマト缶を入れたり、きなこやごまの代わりにキャロブパウダーを入れたり、かつお粉やあおさのりを入れてお好み焼き風にしたりなど、いろいろアレンジできます。

　ふっくら感を出したい場合はドライイーストの量を増やして調整してください。子ども用にイーストを少なめの量の配合にしているため、常温では1日ほどで硬くなります。食べる分だけ作ることを推奨します。

［材料］（4〜6本）

アップルシナモン味

薄力粉…100g　　塩…1g

ドライイースト…小さじ1/4

水…大さじ2

すりおろしリンゴまたはアップルソース…大さじ1 1/2

シナモン…少々

ごまきなこ味

薄力粉…90g

塩…1g

ドライイースト…小さじ1/4

お好みのミルク（牛乳、豆乳、粉ミルクなど）…60ml

水…小さじ1

きなこ…10g

ごま…5g

1. 粉類をすべてボウルに入れ混ぜ合わせる。

2. 水（ミルク）、アップルソースを1のボウルに入れ、よくこねてひとま
   とめにする。

3. ボウルにラップをし、2倍の大きさになるまで常温で放置する（夏場
   は30分〜40分、冬場は1時間〜1時間半ほど）
   ※生地を仕込み、ラップをして冷蔵庫で一晩寝かせてもよい。

4. 醗酵した生地を軽くこね、長方形にのばし、4〜6等分にスティック
   状に切る。オーブンで焼く場合は200度に予熱する。

5. 200度に予熱したオーブンで7分焼く。フライパンで焼く場合は弱火
   で10分焼き、ひっくり返して7分焼く。

BLWをやってみた！

さくくん
[男の子　撮影時月齢：10か月]

　9か月からBLWを始めました。スプーンであげていたとき、息子は無表情で黙々と食べるだけでした。でもBLWでは真剣に食べものを見つめたり、好きな食べものを見つけると真っ先に手を伸ばしてかじり付いたりと、豊かな表情で食べるようになりました。BLWに切り替えて良かったと思っています。

　ご飯つぶが手にくっつくと、取ろうと必死に手を振りまわしたり、はじめての豆腐はつぶしてしまったりしたけれど、3回目からは上手につまみ、口に入れ、手のひらで上手に口を押さえながら食べることができました。とうもろこしも粒があるところを選んできれいに食べます。

　自分で手に取り口に運ぶことでさまざまな食感や舌ざわり、さわった感触などを経験し、手や指の使い方などを自分で工夫して食べることができるようになったのだと思います。一緒に食べると私も楽しいです。

―――あみさん（ママ）

●ソフトせんべい

　ぬれせんべいのような食感で、噛めば噛むほどおいしさが増してきます。
長細い形にすれば手で持ちやすくなります。

　噛む練習、鉄分・カルシウム補給に！

［材料］

米粉…80g

しらす…30g

水…60〜70ml　※水分量を調整してください。

ごま…小さじ2

醤油、みりん…少々

1. オーブンを200度に予熱する。

2. ボウルに米粉、しらす、ごまを入れ、水を少しずつ加えながら混ぜ、
　 ひとまとめにする。

3. オーブンシートを敷いた天板に2を丸めて置いていき、水を付けた指
　 で上から押して平らにのばしていく。

4. 200度のオーブンで8分焼き、一度取り出して裏返してさらに8分焼く。
　 お好みで醤油とみりんを混ぜたものを塗ってもよい。

5. 焼きあがったら常温で冷ます。

●カオマンガイ風炊き込みご飯

材料を炊飯器に入れて炊くだけの簡単レシピです。大人は香味だれをかけてどうぞ。

［材料］

米…2合　　水…2合分

ショウガ…1かけ

長ネギの青い部分…1本分

鶏手羽中（手羽先、手羽元でも）…8〜12本程

香味だれ

長ネギ…15cm程

すりおろしショウガ…小さじ1弱

醤油…小さじ2

お好みの甘味…小さじ1

レモン汁…小さじ1

味噌…小さじ1　　水…大さじ1　　ごま油…少々

ナンプラー…小さじ1/2（なくても良い）

1. 米をとぎ、分量の水を入れる。
2. 手羽中、長ネギの青い部分、スライスしたショウガをいれ炊飯する。
3. 香味だれの長ネギはみじん切り、ショウガはすりおろしにする。たれ

の材料をすべて混ぜる。

4. 炊きあがったら長ネギの青い部分とスライスショウガを取り出し、子どもの分を取り分ける。

5. 大人の分も器に盛り付け、手羽中にたれをかける。

●シチュー

［材料］

カボチャ…1/4個

タマネギ…1/2個

エリンギ…2本

ブロッコリー…5房程度

水…2〜3カップ

塩、コショウ…適量

米粉…大さじ2

豆乳…300ml

1. 取り分け用のカボチャ、エリンギはスティック状に切る。タマネギは
   くし切り、ブロッコリーは食べやすい大きさに切る。
2. 鍋に水とタマネギを入れて10分ほど中火で煮込む。そこへカボチャ、
   エリンギ、ブロッコリーを入れてふたをし、カボチャがやわらかくな
   るまで中火で煮込む。
3. ボウルに米粉を入れ、豆乳を少しずつ加えながらのばしていく。
4. 子ども用のカボチャ、エリンギ、タマネギを取り出し、2へ3をまわし
   入れ、塩コショウで調味する。

●鶏汁

　具だくさんなので満足感のある汁ものです。鶏肉を豚肉に、醤油を味噌にすれば豚汁になります。

［材料］
※野菜の量はお好みで調整してください。

大根…1/4本

キャベツ…1/5玉

ニンジン…中1/2本

ごぼう…1/4本

まいたけ…1/2パック　　ジャガイモ…2個

豆腐…1/2丁　　鶏モモ肉…200g

だし汁…2〜3カップ

しらたき…小パック1袋

酒…大さじ2　　醤油…大さじ1〜2　　塩…適量

1. 取り分け用の大根、ニンジンはスティック状に切り、豆腐は大きめの四角に切る。大人用の大根、ニンジンはいちょう切り、キャベツはざく切り、ごぼうはささがき、ジャガイモは角切り、豆腐はさいの目切り、鶏モモ肉は食べやすい大きさにぶつ切り、しらたきはざく切りにする。
2. だし汁に大根、ニンジン、ごぼう、鶏モモ肉を入れ、ふたをして火にかける。

3. ニンジンに火が通ったらキャベツ、豆腐、ジャガイモ、しらたき、まいたけを入れ、ジャガイモに火が通るまでふたをして煮る。

4. 子ども用の大根、ニンジンを取り出し、酒、しょうゆ、塩を加え味を整える

●コロコロサラダ

［材料］

トマト…１個

アボカド…１個

きゅうり…１本

塩…少々

レモン汁（または酢）…小さじ１

油…大さじ１

塩、コショウ…少々

お好みでごまやナッツ類

1. 取り分け用のきゅうりはスティック状に切ってからさっと湯通しし、アボカドはくし切りにする。トマトは種の部分を除いた半月切りにする。

2. 大人用の野菜はすべて角切りにし、きゅうりに塩を少々まぶして水分を出し、水気を絞る。

3. 2とレモン汁、油、塩コショウを加え混ぜ、お好みでごまやナッツ類をまぶす。

●焼きおにぎり

［材料］

ごはん…茶碗1杯強

えごまパウダー…大さじ1

味噌…小さじ2

みりん…小さじ1

お好みの甘味…小さじ1（なくてもよい）

1．子ども用のおにぎりをと大人用のおにぎりを握り、子ども用にお好みでえごまパウダーをまぶす（まぶさずそのまま焼いても良い）。

2．えごまパウダーを炒り、味噌、みりんと混ぜ合わせ、大人用のおにぎりに塗る。

3．クッキングシートを敷いたグリルかトースターで両面を焼く。

●お好み焼き

　生のキャベツでも、ふたをして弱火でじっくり焼くことでやわらかくなり甘みが出ます。

［材料］

キャベツ…1/5玉

ふりかけまたはかつお粉…大さじ1

※ふりかけの作り方は136ページを参照

米粉…大さじ2

豆腐…1/4丁

水…大さじ2

油…少々

1. キャベツは千切りかみじん切りにする。
2. ボウルに豆腐、米粉、水、かつお粉をいれ、豆腐をつぶすように混ぜ、
   1を加えて混ぜる。
3. フライパンに油を熱しキッチンペーパーでふき取る。弱火にし、2の
   生地をおとし、ふたをしてじっくり焼く。
4. 大人はソース、のりなどをかける。

●ホットケーキ

　もっちりとした食感のパンケーキです。

　子どもの咀嚼の発達に合わせ、マッシュしたサツマイモやカボチャ、青菜、コーンやグリンピース、市販のピューレなどを入れるなどしてお好みのアレンジをしてみて下さい。

［材料］

米粉…1/2カップ

ベーキングパウダー…小さじ1

※アルミフリーのものを使用してください。

ヨーグルト…大さじ3

みりん…小さじ1

1. 材料をすべて混ぜる。
2. 生地がフライパンにくっつかないように、あらかじめフライパンで油を熱しておく。油がフライパンになじんだらキッチンペーパーでよけいな油をふき取る。弱火にし、フライパンに生地を流して両面を焼く。

●タラの甘味噌蒸し焼き

鮭やカレイでもおいしくできます。
取り分けるときには骨に注意しましょう。

［材料］

タラ…2〜3切れ

※味付けされていないタラを使用してください。

キャベツ…1/4玉

もやし…ひとつかみ

えのき…1/2袋

味噌…小さじ2

みりん…小さじ2

バター…お好みの量

1. 取り分け用のキャベツはくし切りに、えのきは1束分けておく。大人用のキャベツは千切り、えのきはざく切り、もやしは洗い水けをきっておく。味噌とみりんを混ぜておく。
2. 鍋にえのき、キャベツ、もやしの順で重ねて入れ、一番上にタラをのせ、大人用のタラの両面に味噌とみりんを混ぜたものを塗る。
3. ふたをして弱火で15〜20分ほど蒸し焼きにする。
4. タラに火が通ったら、子ども用のタラとキャベツとえのきを取り出し、大人用のタラにバターを載せてとかす。

●五目炊き込みご飯

　材料を炊飯器に入れて炊くだけの簡単レシピです。

［材料］

米…2合

だし汁…2合分

※または水2合分とかつお粉または昆布屋シイタケ粉末…小さじ1強

ニンジン…1/2本

まいたけ…1パック

ごぼう…1/2本（ごぼうの大きさによって調整してください）

醤油…小さじ1

1. 米をとぎ、だし汁を入れる。

2. 取り分け用のニンジン、ごぼうはスティック状に切り、まいたけは大きめの1房を分けておく。

3. 大人用のニンジンは細切りに、ごぼうはささがきに、まいたけは食べやすい大きさにさく。

4. 1に3と醤油を入れ、その上に2を置いて炊く。

●ふりかけ

特に分量の指定はありません。お好みの分量でどうぞ。
冷蔵庫で2週間、冷凍で2か月程度は保存可能です。

［材料］

かつお節

いわし節

炒った煮干し

あおさのりまたはあおのり

干しエビ

ごま

炒りえごま

1. すべての材料をフードプロセッサーにかけ、好みの細かさにする。

2. すり鉢の場合はえごまやごま、煮干しなどのかたいものからすっていく。

●ツナと野菜のパスタ

冷蔵庫にあるもので作る、通称「おそうじパスタ」です。
レシピを参考に、ご家庭にある野菜で作ってみてください。

［材料］
パスタ…2人前
えのき…1/2パック
パプリカ…1個
ナス…2本
油…大さじ1　　ゆで汁…大さじ2
ツナ缶…1缶　　塩、コショウ…適量
バジル、ローズマリー…少々（お好みで）

1. 取り分け用のパプリカ、ナスはスティック状に切り、えのきは1束分けておく。大人用の野菜のナス、パプリカは短冊切りにし、えのきはざく切りにする。
2. パスタをゆでる前に子ども用の野菜をゆでる。ゆであがったら取り出し、パスタをゆでる。ゆであがったパスタから子ども用の分を取り分ける。
3. フライパンに油を熱し、野菜を炒める。ナスがしんなりしたら汁を切ったツナを加えて炒め、パスタ、ゆで汁を加えて炒める。
4. 塩、コショウ、ハーブで味をととのえる。

●鶏とレンコンとエリンギの照り煮

［材料］

手羽中…10～15本

※手羽先、手羽元でもよい。

れんこん…180g

エリンギ…3本

水…1と1/2カップ

酒…大さじ1

醤油…小さじ2

酢…小さじ1

みりん…小さじ1

ごま…適量

1. 取り分け用のエリンギはスティック状に切る。大人用のエリンギ、れんこんは乱切りにする。
2. 鍋に、手羽中の皮目を下にしておき、中火にかけ両面を軽く焼く。
3. れんこん、エリンギを入れ、水を加える。ふたをずらして水分を飛ばしながら、中火で15分ほど煮込む。
4. 子ども用のエリンギ、手羽中を取り出す。
5. 酒、しょうゆ、みりん、酢を入れ、強火にして水分を飛ばしながら煮からめる。最後にごまをまぶす。

●グリルポテト

［材料］

ジャガイモ…2〜3個

サツマイモ…1本

塩、青のり…少々

練りごま…大さじ1

メープルシロップ…小さじ2

黒ごま…少々

1. オーブンを200度に予熱しておく。
2. ジャガイモ、サツマイモはスティック状に切る。取り分け用は皮をむく。
3. オーブンで15分〜20分焼く。
4. 子ども用を取り分ける。大人用のジャガイモには塩と青のりをまぶし、
   サツマイモには練りごまとメープルシロップを和え、ごまをまぶす。

おわりに

　ここまでお読みいただき、「BLWとはどんなものか」「どのようにはじめたらよいのか」などの疑問が解消できたと思っていただけたら大変うれしく思います。

　この本のなかではBLWの基本的な考え方や方法、レシピを紹介しました。最後に改めてお伝えしたいのですが、BLWを行ううえで一番大切なことは、「手づかみ」とか「最初から固形食」などの断片的な要素ではありません。もっとも重要なことは、「BLWは赤ちゃん主導の離乳である」という考え方です。赤ちゃんの生まれもった能力を信じて、親はその環境を与える。そして赤ちゃんの意思を尊重して見守る。これを理解して実践できていれば、それだけで十分なのです。

　現代の社会は情報であふれています。育児に関しても例外ではありません。本屋さんに行けば多くの育児書が並び、インターネットで検索すれば情報が山のように出てきます。そのなかで、自分や自分の子どものスタイルに合った情報をピックアップし、選択していくのは簡単なことではありません。

　「はじめに」で述べたように、私たちはBLWについての情報をお母さんや専門家の方々にお伝えする活動をしています。しかし、BLWが絶対に良いから全員が実践するべきだ、とまでは思っていません。百組の親子がいれば、百通りの育児があります。従来の離乳食の方法で進めようと、BLWを取り入れようと、一番大切なことは、お母さんが楽しく育児ができ、

自分の育児に自信が持てることです。そしてそれこそが赤ちゃんにとっても幸せなことなのです。

　この本を手に取っていただいたみなさんが、赤ちゃんに合った方法を選択できるようになったとしたら、本書が少しでも楽しく離乳食を進める手助けになったとしたら、著者としては望外のよろこびです。

一般社団法人日本BLW協会　代表理事　尾形夏実

————編集部より

　本書はBLWの提唱者、ジル・ラプレイ氏のご理解によって刊行することができました。BLWについてさらにくわしくお知りになりたい方は、ジル・ラプレイ＋トレーシー・マーケット著『「自分で食べる！」が食べる力を育てる——赤ちゃん主導の離乳（BLW）入門』（坂下玲子監訳・築地誠子訳・原書房）をご覧いただければ幸いです。

引用文献

(1) Rapley G., Murkett T.: Baby-Led Weaning: Helping Your Baby Love Good Food, Vermilion, 2008.［邦訳：ジル・ラプレイ、トレーシー・マーケット著／坂下玲子監訳／築地誠子訳『「自分で食べる！」が食べる力を育てる——赤ちゃん主導の離乳（BLW）入門』原書房／2019年］

(2)厚生労働省の離乳食に関するアンケート」厚生労働省／平成27年度乳幼児栄養調査／2016年

(3) World Health Organization. United Nations Children's Fund. Global Strategy for Infant and Young Child Feeding. World Health Organization; Geneva, Switzerland: 2003. pp. 1-30.

(4) 厚生労働省／授乳・離乳の支援ガイド（2019年改定版）／2019年

(5) Fangupo L.J., et al: A Baby-Led Approach to Eating Solids and Risk of Choking. Pediatrics 138(4): pii: e20160772, 2016. BLWは従来の手法に比べて固形の食品での窒息イベントが減少する傾向を示していることを示す以下の文献もある。
Brown A.: No difference in Self-reported Frequency of Choking between Infants Introduced to Solid Foods Using a Baby-led Weaning or Traditional Spoon-feeding Approach. J Hum Nutr Diet 31(4): 496-504, 2018.

(6) Sakashita R., Inoue N., Kamegai T., From Milk to Solids: A Reference Standard for the Transitional Eating Process in Infants and Preschool Children in Japan. Eur. J. Clin. Nutr. 2004

◎著者

一般社団法人日本BLW協会（いっぱんしゃだんほうじん　にほんびーえるだぶ
りゅーきょうかい）

2019年11月設立（法人格を持つBLW関連団体としては日本初）。BLWの提唱
者であるジル・ラプレイ（Gill Rapley）氏を名誉顧問にむかえ、日本での
Baby-Led Weaningの普及啓発活動、保護者や育児支援専門家への支援活動、
赤ちゃんの食事に関するコミュニティ支援事業などを行っている。BLWやその
他赤ちゃんの食事や育児に関するセミナーやイベントを多数企画運営。代表理
事は尾形夏実（2020年11月現在）。

ウェブサイト https://babyledweaning.or.jp

◎協力

櫻井奈穂（栄養士）

山田翔（歯科医師）

江田明日香（小児科専門医）

ピーエルダブリュー　あか　　　　しゅどう　　りにゅう
ＢＬＷ（赤ちゃん主導の離乳）をはじめよう！

●

2020 年 11 月 25 日　第 1 刷

2024 年 7 月 15 日　第 6 刷

著者……………一般社団法人 日本BLW協会

本文デザイン・装幀…………佐々木正見

発行者…………成瀬雅人

発行所…………株式会社原書房

〒160-0022 東京都新宿区新宿1-25-13

電話・代表 03-3354-0685

振替・00150-6-151594

http://www.harashobo.co.jp

印刷・製本…………シナノ印刷株式会社

© 2020 Japan BLW Association

ISBN 978-4-562-05793-1, Printed in Japan